MEINE FAMILIE ISST VEGAN

HELENE HOLUNDER

MEINE FAMILIE ISST VEGAN

Rezepte für mehr vegan im Alltag

Jan Thorbecke Verlag

VERLAGSGRUPPE PATMOS

PATMOS
ESCHBACH
GRUNEWALD
THORBECKE
SCHWABEN

Die Verlagsgruppe
mit Sinn für das Leben

Für die Schwabenverlag AG ist Nachhaltigkeit ein wichtiger
Maßstab ihres Handelns. Wir achten daher auf den Einsatz
umweltschonender Ressourcen und Materialien.

Gestaltung: Finken & Bumiller, Stuttgart
Druck: Firmengruppe APPL, Wemding
Hergestellt in Deutschland
ISBN 978-3-7995-1040-0 (Print)
ISBN 978-3-7995-1047-9 (eBook)

INHALT

VORWORT

Vegan essen mit der ganzen Familie? Meine Kinder Jo und Toni, der allerliebste Ehegatte und manchmal auch Oma und Opa werden von mir bekocht, seit über 10 Jahren täglich und vegan! In einer Familie treffen ja oft unterschiedliche Geschmacksvorlieben, manchmal auch Nahrungsmittelunverträglichkeiten, Allergien, besondere Diätanforderungen (z.B. der Omas und Opas) oder eben die Entscheidung für eine bestimmte Ernährungsform aufeinander. So ist das auch bei uns. Die Frage: „Was kann man da noch gemeinsam essen?" ist in vielen Familien manchmal schwierig zu beantworten. Unsere Familie z.B. besteht aus Veganerinnen und Teilzeitveganern, mein Sohn hat eine Nussallergie, der Opa soll sich cholesterinarm ernähren. Da ist es gar nicht so einfach, etwas für alle zu finden! Aber es gibt sie, die veganen Rezepte, die alle mögen!

Um gerade in den Familien die Lust und die Neugierde auf veganes Essen zu wecken, startete ich 2013 meinen Foodblog „Helene Holunder"! Die besten Gerichte des letzten Jahres und viele neue Rezepte zum Nachlesen und Nachkochen habe ich nun für dieses Buch zusammengestellt.

Durch unser zeitweiliges Leben in Kalifornien, in dem die Nähe zu Mexico einerseits und die gesundheitsbewusste Ernährung der Kalifornier andererseits veganes Essen unproblematisch machte, sind viele unserer Lieblingsrezepte „amerikanisch vegan beeinflusst", aber in Norddeutschland gekocht! Ich freue mich, wenn Helenes Rezepte dazu inspirieren, „öfter mal vegan für alle" zu kochen!

Wenn nicht anders angegeben, beziehen sich die Rezeptmengen auf den Hunger von vier Personen. Kalorienangaben sucht man in diesem Buch vergeblich, denn ich vertrete die Auffassung, dass ein tägliches Zählen der zugeführten Kalorien in vielen Fällen ein gesundes Essverhalten negativ beeinflussen oder sogar ein krankhaftes Essverhalten begünstigen kann.

Die Rezeptzutaten sind immer vegan, auch wenn dieser Hinweis in den Zutatenlisten nicht explizit ausgewiesen wird (z.B. bei Margarine oder Käse und Frischkäse).

Wir versuchen, möglichst regionale Produkte aus biologischem Anbau einzukaufen. Hilfreich und zeitsparend ist für uns als Familie eine Gemüsekiste, die von einem Anbieter aus dem Umland wöchentlich geliefert wird. Manchmal muss ich allerdings doch einen Besuch in der nächsten Stadt zum Anlass nehmen, spezielle Lebensmittel dort einzukaufen, da sie in unserer Kleinstadt nicht erhältlich sind (z.B. weiße Reismilch- oder Lupinenschokolade). Und natürlich habe auch ich schon Produkte aus dem Internet bestellt. Aber diese Einkäufe werden seltener, denn in den letzten Jahren hat sich das Angebot sogar in unserem ländlichen Umfeld sehr verbessert!

Das Kochen der vorliegenden Rezepte funktioniert in Helenes Küche mit der „normalen" Küchenausstattung – allerdings gibt es zwei Ausnahmen: Ein leistungsstarker Pürierstab und ein wunderbarer Hochleistungsstandmixer helfen mir bei der Zubereitung von Nussmus, Eis, Cremes usw.

Da wir eine Vorliebe für die süßen Seiten des Lebens haben, spielen Kuchen und Desserts in diesem Buch eine große Rolle. Aber auch die Themen Frühstücksfreuden, Aufstriche und Dips, Hauptgerichte mit Suppen, Salaten und Sattmachern kommen nicht zu kurz. Dazu gibt es die ein oder andere Plauderei aus dem Familienleben!

Viel Spaß beim Lesen und Nachkochen wünscht euch
HELENE HOLUNDER

AKTUELLE REZEPTE FINDET IHR AUCH AUF WWW.HELENE-HOLUNDER.DE

AUFSTRICHE UND DIPS

KARAMELL – ZWEI REZEPTE, VIELE VERWENDUNGSMÖGLICHKEITEN

Karamell findet in unserer Familie ganz ungeahnte Einsatzmöglichkeiten: Die Kids lieben ihn als Aufstrich auf dem Brötchen, als Füllung zwischen Cookies; sie dippen Apfelspalten in Karamell und finden salziges Popcorn mit Karamelldip superlecker (mein allerliebster Ehegatte teilt diese Vorliebe!). Ich genieße den Karamell am liebsten ganz klassisch als Sauce über Eis oder nasche ihn gleich pur!

Die beiden folgenden Rezepte für einen Aufstrich und einen Dip sind so herrlich cremig und süß, enthalten aber keinen raffinierten Zucker. Der Trick bei dem Aufstrich besteht in der Kombination von gemahlener Vanille und den weichen, süßen und großen Medjool-Datteln, die mittlerweile auch in Supermärkten und nicht nur in Bio- oder Reformhäusern angeboten werden. Geschmacksträger ist außerdem Kokosöl. Hinzukommen noch Pflanzenmilch (ich nehme Hafermilch) und eine gute Prise Meersalz! Der Karamelldip wird mit cremiger Kokosmilch hergestellt, die ganz einfach mit Rohrohrzucker, der leicht karamellartig schmeckt, und Ahornsirup eingekocht wird!

KARAMELLAUFSTRICH

ZUTATEN

5 Medjool-Datteln (oder 8–10 „normale" Datteln), entsteint
½ TL gemahlene Vanille
ca. 8–10 EL Pflanzenmilch (je nach Größe der Datteln)
3 EL Kokosöl, geschmolzen
2 Prisen Meersalz

ZUBEREITUNG

Alle Zutaten in den Hochleistungsstandmixer geben und aufschlagen. Mein Mixer zaubert eine Creme ohne irgendwelche Stückchen. Im Urlaub habe ich den Aufstrich auch schon mit einem Pürierstab aus der Ferienküche gemixt und die Creme anschließend durch ein Sieb passiert. Falls Reste übrig bleiben sollten, können diese im Kühlschrank aufbewahrt werden. Kühl gelagert wird der Aufstrich durch das Kokosöl fester.

TIPP ⟶ *Eine schnelle Karamellsauce entsteht, wenn einfach 2–3 EL (oder je nach gewünschter Konsistenz) mehr Pflanzenmilch verwendet werden.*

KARAMELLDIP MIT FLEUR DE SEL

ZUTATEN

1 Dose (400 g) ungesüßte Kokosmilch (keine fettreduzierte Milch verwenden)
50 ml Ahornsirup
50 g Rohrohrzucker
1 TL gemahlene Vanille
1 gehäufter EL Margarine
½ TL Meersalz oder Fleur de Sel (optional)

ZUBEREITUNG

In einem Topf die Kokosmilch mit dem Ahornsirup und dem Zucker zum Kochen bringen. Auf kleiner Hitze köcheln, bis die Milch eindickt und eine hellbraune Farbe annimmt. Das dauert ca. 15 Minuten. Dabei immer wieder umrühren und die Milch von der Topfwand streichen. Dann Vanille und Margarine unterrühren und den Dip abkühlen lassen. Zum Schluss nach Geschmack das Salz unterrühren. Der Dip kann im Kühlschrank ca. 1 Woche aufbewahrt werden.

TIPP *Äpfel mit Karamelldip* ⟶ *2 Bioäpfel waschen, vom Kerngehäuse befreien, in Spalten schneiden und diese mit etwas Zitronensaft beträufeln, damit das Fleisch nicht braun wird. Die Apfelspalten dekorativ auf einem Teller anrichten, den Karamelldip in eine Schale füllen und los geht's mit dem fröhlichen Dippen! Ebenfalls prima schmeckt Popcorn, welches in den Karamell gedippt wird.*

MACADAMIACREME

Die Kids lieben neben ihrem Müsli natürlich auch Brötchen mit süßem Aufstrich. Ein absoluter Favorit ist diese Macadamiacreme, die ziemlich dick ihre Brötchenhälften bedeckt und gerne auch mal zwischendurch gelöffelt wird. Mit einem Hochleistungs-standmixer ist sie superschnell gezaubert und kann auch kurzfristig den süßen Zahn befriedigen!

ZUTATEN

300 g Macadamianüsse
1 TL gemahlene Vanille
½ TL Salz
20 g Vollrohrzucker (oder mehr nach Geschmack)
40 g Kokosöl

ZUBEREITUNG

Den Ofen auf 180 °C vorheizen. Die Nüsse auf ein Backblech geben und auf der mittleren Schiene ca. 15 Minuten goldbraun rösten, abkühlen lassen. Alle Zutaten in einen Hochleistungsstandmixer geben und auf kleiner Stufe mixen, dann langsam die Um-drehungszahl erhöhen, bis eine Creme entstanden ist. Die Creme evtl. nachsüßen, dann nochmals mixen und in Gläser mit Deckel füllen. Wir bewahren diese Leckerei im Kühlschrank auf.

HASELNUSSCREME

„Ach, warum ist Nutella eigentlich nicht vegan?", seufzt Toni und kratzt den Rest von Helenes Haselnussaufstrich aus dem Glas. Sie findet meine letzte Kreation zu „erwachsen", also nicht süß genug, nicht cremig genug und zu „haselnussig"! Hmm, eigentlich erwarte ich von einer Haselnusscreme, dass sie nach Haselnüssen schmeckt! Ich liebe diesen vollen Geschmack gerösteter Nüsse, verfeinert mit einem Hauch bitterem Kakao und gemahlener Vanille, aber meine Tochter ist da anderer Meinung. Das spornt mich natürlich an, die Zutaten neu zu bedenken und voilà – hier kommt eine Haselnusscreme, die Erwachsene lieben, aber auch von Toni aufs Brötchen geschmiert wird (Jo hat eine Haselnussallergie und bevorzugt deshalb die Macadamiacreme!). Für diese Variation verwende ich Haselnüsse und auch die milderen Mandeln. Beide werden angeröstet und entfalten so ihr Aroma am besten (mmh, der Duft in der Küche ist so unbeschreiblich gut!). Aber den Kick gibt die weiße Schokolade, die geschmolzen und zusammen mit den Nüssen zu einer Creme gerührt wird. Zum Löffeln lecker und viel besser als … – na, ihr wisst schon!

ZUTATEN

150 g Haselnüsse ohne Schale und Haut
70 g Mandeln ohne Schale und Haut
80 g weiße Reismilch- oder Lupinenschokolade
 (erhältlich im Bioladen oder Reformhaus)
½ TL Salz
1 TL gemahlene Vanille
20 g Vollrohrzucker
50 g Kokosöl
1 EL Kakao

ZUBEREITUNG

Den Ofen auf 180 °C vorheizen. Die Nüsse und Mandeln auf ein Backblech geben und auf der mittleren Schiene ca. 10 Minuten goldbraun rösten. Dann abkühlen lassen. Die Schokolade im Wasserbad schmelzen und etwas abkühlen lassen. Alle Zutaten in einen Hochleistungsstandmixer geben und auf kleiner Stufe mixen, dann langsam die Umdrehungszahl erhöhen, bis eine Creme entstanden ist. Die Creme evtl. nachsüßen, nochmals durchmixen und in Gläser mit Deckel füllen.

TIPP → Anstelle der ganzen Nüsse können auch fertig gehackte Nüsse verwendet werden, dann verkürzt sich die Röstzeit. Eine fruchtige Note erhält der Nussaufstrich, wenn ½ TL vom Abrieb einer Bio-Orangenschale untergerührt wird. Oder wie wäre es mit ein paar Chiliflakes? Ich streue natürlich auf meine Creme gerne auch ein wenig Fleur de Sel, aber das habt ihr wahrscheinlich schon geahnt, oder?

ERDBEERFRUCHT-AUFSTRICH MIT CHIASAMEN

„Chiasamen sind total angesagt", weiß meine Tochter, als sie die Packung mit den kleinen Körnchen sieht. Das sind gute Startbedingungen für die Verwendung dieser sogenannten Superfoods im Hause Helene Holunder, denke ich! Denn wenn die Stars und Sternchen der Glamourwelt auf den gesundheitlichen Benefit schwören, wird auch meine Tochter Chiasamen interessiert probieren!

Chia heißt übrigens „Kraft", und die Samen der Salbei-Art Salvia hispanica gehörten schon bei den Azteken und Mayas aufgrund ihrer Inhaltsstoffe zu den Grundnahrungsmitteln, denn sie enthalten viel Protein, Vitamin B, Kalzium, Kalium, Eisen, Phosphor, Zink und Kupfer und weisen einen hohen Anteil an Ballaststoffen, Antioxidantien und Omega-3-Fettsäuren auf. Prima für VeganerInnen, oder?

Chiasamen sind extrem quellfähig; innerhalb von 10 Minuten können sie ihr Volumen um das Zehnfache vergrößern. Das ist gut für die Verdauung, aber darüber hinaus kann man diese Eigenart nutzen, z.B. zur Herstellung eines wunderbaren Erdbeerfruchtaufstrichs, denn Erdbeeren sind bei uns auch „total angesagt"!

ZUTATEN

300 g Erdbeeren
100 g Zucker
½ TL gemahlene Vanille (optional)
30 g Chiasamen

ZUBEREITUNG

Die Erdbeeren waschen. Die Erdbeeren, den Zucker und ggf. die Vanille mit einem Pürierstab oder im Hochleistungsstandmixer verrühren, bis der Zucker gelöst ist. Die Chiasamen unterrühren, den Fruchtaufstrich in Marmeladengläser füllen und zum Gelieren mindestens 2 Stunden, besser über Nacht in den Kühlschrank stellen.

Die Kids und der allerliebste Ehegatte finden die Körnchen in diesem Fruchtaufstrich übrigens witzig und lecker! Der Opa hingegen ist nur mäßig begeistert von der „Superfoods-Marmelade". Am nächsten Morgen isst er zufrieden sein Brötchen mit „ganz normalem" Erdbeerfruchtaufstrich – ohne Körnchen, mit vollem Geschmack! Er wird nicht erfahren, dass ich seinen Chiasamenfruchtaufstrich extra für ihn durch ein Sieb passiert habe!

TIPP → *Probiert die Marmelade mal mit anderen Früchten, z.B. Heidelbeeren. Die Chiasamen gibt es hell und dunkel. Letztere ergeben kombiniert mit z.B. Pfirsichen oder Aprikosen einen schönen Kontrast!*

MOHN-MANDEL-MAYONNAISE

Diese Mayonnaise schmeckt zu vielen Gerichten. Wir mögen sie z.B. zu gebackenen Kartoffeln oder zu Möhrensticks!

ZUTATEN

100 ml Sojamilch
1 EL Zitronensaft
Maiskeimöl
1 EL Mohn, gemahlen
½ TL Senf
1–2 Tropfen Bittermandelöl
Salz
frisch gemahlener Pfeffer

ZUBEREITUNG

Die Sojamilch mit dem Zitronensaft verrühren und kurz ruhen lassen, bis die Sojamilch andickt (ca. 1 Minute), dann mit dem Pürierstab aufmixen. Während des Mixens das Öl in regelmäßigem Strahl hinzufließen lassen. Die Mayonnaise wird langsam cremig und dickt an. Wenn sie die gewünschte Konsistenz hat, den Mohn unterrühren und die Mayonnaise mit Senf, Bittermandelöl, Salz und Pfeffer abschmecken.

TIPP — *Wer den Eigeschmack mag, kann 1 TL veganen Eigelbersatz (Reformhaus oder Bioladen) unterrühren. Notwendig ist dies nicht, er imitiert nur den Eigeschmack. Ich mag die Mayo lieber ohne den Ersatz — aber das ist natürlich Geschmackssache! Lässt man Mohn und Bittermandelöl weg, schmeckt die Mayonnaise klassisch lecker z.B. zu Pommes frites oder Nudelsalat!*

GUACAMOLE OHNE JALAPEÑOS, ZWIEBELN UND KORIANDERGRÜN – JO RÜHRT „EINFACH NUR AVOCADO-CREME"

Auf dem Markt lachen mich diese dicken weichen Avocados an! Ich denke an eine cremige Guacamole mit Jalapeños, etwas Zitronensaft, gehackten Tomaten, ein paar Zwiebelstückchen und ganz viel Koriandergrün …

Zuhause zieht Jo erfreut eine Tüte Tortillachips aus dem Einkaufskorb, dann verzieht er das Gesicht, als die Avocados und ein Bund Koriandergrün zum Vorschein kommen: „Nicht schon wieder deine Guacamole, ich mag kein Koriandergrün und keine Zwiebeln, und Jalapeños sind mir zu scharf!" „Aber Avocados dürfen schon noch in die Guacamole?", frage ich vorsichtig nach. Mein Sohn grinst und schlägt vor, selbstständig eine „Guacamole" zu mixen. Prima, hier ist sein zugegebenermaßen sehr einfaches Rezept:

ZUTATEN

2 große reife Avocados
2 TL Zitronensaft
ca. 1 TL Salz
Pfeffer

ZUBEREITUNG

Die Avocados halbieren, das Fruchtfleisch herauslösen und zusammen mit dem Zitronensaft auf einem Teller mit einer Gabel zermatschen. Mit Salz und Pfeffer abschmecken.

TIPP — *Die Creme schmeckt natürlich am besten zu Chips (findet Jo), aber noch besser zu Rohkost und Salat (findet Helene)! Falls jemand meine geschmacklichen Vorlieben bezüglich einer Guacamole teilt, können folgende Zutaten unter die Avocadocreme gerührt werden:*

1 TL Jalapeños aus dem Glas, gehackt
½ Zwiebel, gepellt, gehackt
2 Tomaten, gewaschen, gehackt
½ Bund Koriandergrün, gewaschen, gehackt
1 Knoblauchzehe, gepellt, gehackt

CRANBERRY-CHUTNEY

Es gab eine Zeit, da habe ich in großen Mengen Zwiebeln, Mangos, Ananas und Chilis verarbeitet und zu Chutney eingekocht. Wir aßen diese herzhafte Leckerei zu geräuchertem Tofu, zum Salat, zu Rohkost und sogar als Belag auf einem Brötchen. Irgendwann brauchten wir Chutney-Pause, und so standen die Gläser hübsch aufgereiht neben den Marmeladen im Vorratsraum und warteten … Heute koche ich Chutney nicht mehr auf Vorrat ein! Mit diesem Rezept ist in einer Viertelstunde ein Glas fertig, die Zutaten habe ich meistens vorrätig und vor allem: Es schmeckt sooo lecker!
Wenn ich allerdings weiß, dass mein Vater uns besucht (und wie immer als Erstes in den Kühlschrank schaut) koche ich die doppelte Menge!

ZUTATEN

100 g Cranberrys, getrocknet
3 EL Ahornsirup
2 EL brauner Zucker
1 TL Koriandersamen
3 EL Essig
2 EL Zitronensaft
½ TL Kreuzkümmel, gemahlen
½ TL Salz
ein wenig frische Chilischote oder ½ TL Chiliflakes
　　nach Geschmack

ZUBEREITUNG

Die Cranberrys in kochendem Wasser ca. 5 Minuten einweichen, dann abtropfen lassen. Zusammen mit dem Ahornsirup, dem braunen Zucker und den Koriandersamen in einen Topf geben und unter Rühren aufkochen, bis der Zucker gelöst ist und karamellisiert. Nun Essig, Zitronensaft, Kreuzkümmel, Salz und Chili unterrühren und etwas einkochen (ca. 2–3 Minuten). Noch heiß in ein sterilisiertes Marmeladenglas füllen und mit einem Twist-Off-Deckel verschließen. Das Chutney im Kühlschrank aufbewahren.

TIPP — *Von einer frischen Chili schneide ich mit einer Schere einfach ein paar Ringe in das Chutney. Die Schärfe entwickelt sich allerdings erst mit der Zeit so richtig, ihr solltet also sparsam dosieren. Ersetzt die Cranberrys durch gehackte getrocknete Aprikosen für ein helles Chutney!*

FRÜHSTÜCKS-FREUDEN

HOMEMADE GRANOLA

Am großen Herd in der gemütlichen Farmküche backt die Granny mit einer weißen Schürze und roten Wangen für die allerliebsten Enkelkinder ihr weltberühmtes Granola. Der Duft von karamellisierten Flocken, Nüssen und Ahornsirup durchströmt das Haus, die Kinder kommen aus der Schule, fallen vor Freude ihrer Großmutter um den Hals …

Okay, jetzt wird es zu kitschig! Also zurück zum Granola. Ein Müsli zu mischen ist einfach, Granola herstellen ist auch einfach, braucht aber Zeit, damit es wirklich schön knusprig wird. Zwischen den einzelnen Backgängen könnt ihr euch ja mal durch ein paar Folgen der Fernsehserien „Unsere kleine Farm" und „Die Waltons" klicken. Ihr erinnert euch? In diesem Sinne: „Gute Nacht John-Boy". Morgen gibt es ein leckeres Granola-Frühstück – ganz vegan!

ZUTATEN

300 g Haferflocken
100 g kernige Haferflocken oder Quinoaflakes
50 g Pecannüsse
50 g Cashewnüsse
50 g gesalzene Erdnüsse
50 g Sonnenblumenkerne
(Ihr könnt die Nüsse nach eurem Geschmack austauschen, ich liebe z.B. Pecannüsse, vielleicht mögt ihr lieber Mandeln …)
50 ml Reismilch
50 g Ahornsirup
50 g Rohrohrzucker
30 ml neutrales Öl
30 ml Kokosöl
1–2 TL Salz
1 TL gemahlene Vanille
50 g Rosinen
50 g getrocknete Aprikosen

ZUBEREITUNG

Den Backofen auf 160 °C vorheizen. Die Flocken und Nüsse in einer Schüssel mischen. Alle folgenden Zutaten bis auf die Rosinen und die Aprikosen in einem Topf schmelzen lassen, bis sich der Zucker gelöst hat. Die Haferflockennussmischung unterrühren.

Die Masse auf ein mit Backpapier ausgelegtes Blech streichen und auf der mittleren Schiene ca. 30 Minuten backen. In dieser Zeit das Granola mehrmals vorsichtig wenden und aufpassen, dass die Mischung nicht anbrennt.

Den Ofen auf 120 °C herunterschalten und für weitere 10 Minuten backen. Den Ofen ausstellen und das Granola im Ofen 1 Stunde trocknen lassen. Anschließend gut auskühlen lassen und mit den Rosinen und den klein geschnittenen Aprikosen vermischen. In einer verschließbaren Dose aufbewahren.

ACAI BOWL: EWIG JUNG UND SCHÖN ODER EINFACH NUR LECKER?

Juhu, Sonne in Norddeutschland, Wärme, Vogelgezwitscher, Frühstück draußen – und ich denke mal wieder an Kalifornien!

Was bestellen sich die hippen, veganen Menschen in Hollywood, Santa Barbara und San Diego zum Frühstück? Sie freuen sich auf eine Acai Bowl, die – eigentlich populär an Brasiliens Stränden – mittlerweile auf Hawaii zum typischen „Breakfast" gehört und seit einiger Zeit auch an der Sunshine Coast schwer angesagt ist!

Diese Bowl besteht aus Granola, frischen Früchten wie Erdbeeren, Himbeeren, Heidelbeeren, Bananen und einem Sorbet aus Acai-Beeren, welche im Geschmack ein wenig an Heidel- oder Brombeeren erinnern. Das Fruchtpüree aus den Beeren wird dort übrigens in jedem gut sortierten Biosupermarkt schon fertig tiefgefroren angeboten! Getoppt wird das Ganze gerne mit gerösteten Kokoschips.

Sooo lecker, besonders bei 75 °F (also ca. 24 °C) am Morgen! Da fängt der Tag doch super an! Die Acai-Beeren stammen von der Açaizeiro-Palme, die in den Sumpfgebieten von Mittel- und Südamerika beheimatet ist. Sie enthalten viele Vitamine, Mineralien und einen außergewöhnlich hohen Anteil an ein- und mehrfach ungesättigten Fettsäuren. Aufgrund dieser Inhaltsstoffe soll der Stoffwechsel angekurbelt werden – da wittern die dem Schlankheitswahn verfallenen Menschen (und davon gibt es gerade in Kalifornien doch einige …) sofort ein Wundermittel, das die Pfunde purzeln lässt! Zudem enthält die Acai-Beere einen sehr hohen Gehalt an Antioxidantien, die dafür sorgen sollen, den Alterungsprozess zu verlangsamen und Krankheiten zu verhindern. Und ich dachte, die Acai Bowl schmeckt einfach nur gut! Nach meinem sonnigen Leben in Kalifornien treffe ich die Früchtchen mittlerweile sogar in Norddeutschland – auch hier ist die Acai-Beere kein Geheimtipp mehr. Ob sie behilflich ist, ewig schön und jung zu bleiben, kann ich nicht beurteilen, dieses Ziel ist für mich auch nicht erstrebenswert! Wer allerdings nach einem leckeren Frühstücksrezept sucht – voilà!

ZUTATEN

250 g gefrorene Beerenmischung (z.B. Heidelbeeren,
   Himbeeren, Erdbeeren)

130 g Acai-Beeren-Fruchtpüree (naturreines Püree
   ohne Zusätze, alternativ 2 EL Acaipulver)

70 g Puderzucker

8 gehäufte EL Granola (siehe S. 27)

1 Banane, in Scheiben geschnitten

1 Handvoll Beeren, gemischt, gewaschen

4 EL geröstete Kokoschips

Ahornsirup nach Geschmack

ZUBEREITUNG

Die Beerenmischung mit dem Fruchtpüree oder dem
Pulver und dem Puderzucker in einem Hochleistungsstandmixer zu einem Sorbet mixen. Jeweils
2 Kugeln Sorbet auf vier Schalen verteilen, darauf
jeweils 2 EL Granola, etwas Banane und Obst verteilen. Zum Schluss jede Portion mit 1 EL Kokoschips
bestreuen und nach Geschmack mit etwas Ahornsirup
süßen! Sofort genießen und an Kalifornien, Sommer,
Sonne und Meer denken ...

OVERNIGHT CARROTS AND OATS

In Kalifornien liebt man das Frühstück! Eier, Speck und Pfannkuchen gehören für viele nicht vegan lebende Menschen zu einem perfekten Frühstück, während Acai Bowl, Granola und Overnight Oats mein Veganerinnenherz höher schlagen lassen! Wobei letztere Frühstücksfreude besonders von denen geliebt wird, die morgens wenig Zeit haben, denn es muss am Abend vorher zubereitet werden und im Kühlschrank über Nacht durchziehen! Praktisch, oder?

Übrigens eignen sich die Overnight Oats prima zum Mitnehmen in die Schule oder zur Arbeit, wenn sie gleich in passende Behältnisse mit Deckel abgefüllt werden! Es gibt natürlich viele Variationsmöglichkeiten zu diesem Rezept, momentan lieben wir die Kombination mit Möhren, Rosinen, Pecannuss und leckeren Gewürzen.

ZUTATEN

300 g Sojajoghurt oder Kokosnussjoghurt
250 ml Pflanzenmilch
140 g Haferflocken
½ TL Ingwer, frisch gemahlen
1 TL Zimt
½ TL Kardamom, gemahlen
4 EL Rosinen
4 EL gehackte Nüsse nach Wahl
2 TL Chiasamen
2 TL Vanille, gemahlen
6 EL Möhrenpüree (aus gekochten Möhren
  oder Babykost-Möhrchen aus dem Glas)
2 EL Ahornsirup
1 Möhre
ca. 1 TL Zitronensaft
Ahornsirup nach Geschmack

ZUBEREITUNG

In einer Schüssel den Joghurt mit der Milch, den Haferflocken, dem Ingwer, dem Zimt, dem Kardamom, den Rosinen, den Nüssen, den Chiasamen und der Vanille verrühren. In einer weiteren Schüssel das Möhrenpüree mit dem Ahornsirup verrühren. Die Joghurtmischung mit dem Möhrenpüree abwechselnd in Gläser schichten, abdecken und über Nacht in den Kühlschrank stellen. Zum Frühstück die Möhre raspeln und mit Zitronensaft vermischen, damit die Möhrenstücke nicht braun werden. Die Overnight Oats mit etwas geraspelter Möhre bestreuen und nach Geschmack mit Ahornsirup süßen.

TIPP → *Wenn es schnell gehen muss, kann auf die geraspelte Möhre natürlich auch verzichtet werden!*

FRÜHSTÜCKSPIZZA

Toni hatte die Idee: „Ich finde Pizza zum Frühstück klasse!" Mama Helene war skeptisch: Fettiges Fast Food ohne Nährwert – ein perfekter Start in den Schulvormittag sieht ja wohl anders aus! Aber meine Tochter stimmte mir zu, denn in Gedanken stellte sie sich einen Pizzaboden vor, belegt mit frischen Früchten, Cashewcreme oder Sojajoghurt und Kokoschips als Topping! Das hörte sich tatsächlich ziemlich prima an! Am Wochenende war es dann soweit, Toni servierte Frühstückspizza, und die ganze Familie war begeistert!

TEIG

½ Rezept Hefeteig „Helenes Favorit" (s. Seite 134) oder ca. 400 g veganer Fertighefeteig oder 1 Rezept Sojajoghurt-Öl-Teig (siehe Tipp)

CASHEWCREME

150 g Cashewnüsse
3 EL Rohrohrzucker
1 TL gemahlene Vanille
1 TL Zitronensaft
½ TL Salz
70 ml Wasser

BELAG

500 g frisches Obst nach Wahl
1 Glas Marmelade
2 Handvoll Kokoschips

ZUBEREITUNG

Den Ofen auf 180 °C vorheizen. Aus dem Teig 4 große oder 8 kleine Böden formen, diese auf mit Backpapier ausgelegte Backbleche legen und ca. 15 Minuten auf der mittleren Schiene backen.

Für die Creme alle Zutaten im Hochleistungsstandmixer erst auf der langsamen Stufe, dann mit höherer Umdrehungszahl mixen (Ist der Mixer nicht sehr leistungsstark, sollten die Nüsse 2 Stunden oder über Nacht in Wasser eingeweicht werden. Nüsse dann abgießen und wie beschrieben verarbeiten.). Die Creme evtl. nochmals mit Zucker abschmecken.

Das Obst waschen und in mundgerechte Stücke schneiden. Die Böden mit Marmelade bestreichen, darauf das Obst geben und die Cashewcreme auf dem Obst verteilen. Mit Kokoschips toppen.

TIPP — *Die (gehaltvolle) Cashewcreme kann prima auch durch 500 g Sojajoghurt (Natur oder Vanille) ersetzt werden. Wenn Kinder die Frühstückspizza selbstständig zubereiten wollen, empfiehlt sich evtl. ein Teig, der nur kurz zusammengerührt und dann sofort verarbeitet werden kann, z.B. der Sojajoghurt-Öl-Teig:*

300 g Weizenmehl (Type 450), 150 g Sojajoghurt, 70 g Zucker, 6 EL Pflanzenmilch, 6 EL neutrales Öl, 1 Päckchen Backpulver sowie 1 TL Salz in eine Schüssel geben und mit einem Löffel zu einem Teig verrühren. Aus dem Teig Böden formen und diese wie im Rezept beschrieben backen.

FRENCH TOAST ROLL UPS

In Eiermilch eingeweichte und in der Pfanne knusprig ausgebratene Brotrollen – was ist daran kalifornisch? Nichts, denn French Toast wird in den USA und auch in weiten Teilen Europas geliebt! Allerdings konnten wir in vielen kalifornischen Frühstückcafés French Toast ganz selbstverständlich ohne Milch und Ei genießen, was vielleicht daran liegt, dass die vegane Lebensweise dort mehr verbreitet ist! Toni und Jo lieben die knusprigen French Toasts und ganz besonders unsere Roll-up-Variante! Mit diesem Rezept gelingt dieses Frühstück superschnell, trotzdem war ich bislang von French Toast in meiner Küche eher wenig begeistert! Woran lag es? Nun, das mit Flüssigkeit vollgesogene Brot lässt beim Anbraten das heiße Fett in der Pfanne schön spritzen, so dass dem leckeren Frühstück eine große Putzaktion folgen muss. Ich weiß, warum meine kalifornischen Freunde „frühstücken gehen"! Aber jetzt habe ich die Lösung! Die Roll ups werden zum Backen einfach in den Ofen geschoben, das funktioniert prima und lässt die Küche sauber! Wie wär's also mit French Toast zum nächsten Sonntagsbrunch?

ZUTATEN

200 g Seidentofu (erhältlich im Bioladen; wenn ihr Seidentofu nicht bekommt, könnt ihr weichen Tofu nehmen)

ca. 125 ml Vanille-Sojamilch

Zimt und Zucker nach Geschmack

8 Scheiben Toastbrot (ich verwende die „Sandwich-Size")

250 g Obst (gut passen Himbeeren, Heidelbeeren sowie Erdbeeren und Bananen)

ca. 2–3 EL Margarine

ca. 8 TL Marmelade

ZUBEREITUNG

Den Backofen auf 200 °C vorheizen. Tofu, Pflanzenmilch und Zucker mit einem Pürierstab aufschlagen, die Konsistenz sollte cremig sein (falls ihr den festeren „normalen" Tofu benutzt, evtl. etwas mehr Pflanzenmilch zufügen). Die Creme in einen tiefen Teller geben. In einem zweiten Teller Zucker mit Zimt vermischen.

Die Rinde vom Toastbrot abschneiden und die Scheiben mit einem Nudelholz platt rollen. Das Obst waschen und in kleine Stücke schneiden. In eine ausreichend große Auflaufform ca. 2–3 EL Margarine geben. Die Form auf die mittlere Stufe in den Ofen stellen, bis die Margarine geschmolzen und heiß geworden ist. Jede Scheibe Toastbrot mit ca. 1 TL Marmelade bestreichen und mit ca. 2–3 TL Obst belegen. Die Scheiben eng aufrollen, dann in der Tofumischung und anschließend in der Zucker-Zimt-Mischung wenden. Nun die Rollen in die Auflaufform legen und ca. 5 Minuten oder bis zum gewünschtem Bräunungsgrad von jeder Seite backen. Die French Toast Roll Ups aus dem Ofen nehmen und zusammen mit dem restlichen Obst auf vier Tellern anrichten. Die restliche Tofucreme evtl. mit Zucker abschmecken und als Sauce dazu reichen! Natürlich können die Roll Ups auch auf die herkömmliche Weise in der Pfanne von beiden Seiten „golden brown" angebraten werden. Durch Backpapier getrennt, lassen sie sich im vorgeheizten Ofen bis zum Verzehr warmhalten!

FRÜHSTÜCKSMUFFINS

Ich mag es ja gerne süß, aber zum Frühstück Schokocreme, Marmelade und Co.? Fit für den Tag geht anders! Deshalb starte ich am liebsten mit frischen Früchten und Müsli. Toni und Jo sehen das natürlich ganz anders! Ein optimales Frühstück beginnt für die beiden mit Brötchen (gerne selbst gebacken), Schokocreme (vegan) und Marmelade („Am liebsten von dir frisch gerührt, liebste Ma!" Bei diesem Kompliment rührt die Ma natürlich gerne weiterhin …). Jo verdrückt anschließend noch eine Portion Müsli mit Früchten (meistens stibitzt er meine), aber Toni freut sich ganz besonders, wenn Frühstücksmuffins auf dem Tisch stehen.

Ihr Argument: „Gesunde Haferflocken, gesunde Himbeeren, und ich brauche ja keinen süßen Aufstrich zusätzlich, das gleicht den Zucker im Muffin aus – ist doch eigentlich total gesund, oder?" Ach, liebste Tochter, zum Brunch (der findet nicht so oft statt!) gibt es die leckeren kleinen Kuchen auch weiterhin und die genießen wir! Am Morgen vor der Schule bleibt es bei Vollkornbrötchen, Obst, Müsli und – Marmelade!

ZUTATEN

250 g Sojamilch

1 TL Essig

50 g feine Haferflocken

120 g brauner Zucker

80 ml neutrales Öl

1 EL Apfelmus

190 g Mehl

3 TL Backpulver

1 TL Natron

½ TL Zimt

150 g Himbeeren (frisch oder Tiefkühlware)

ZUBEREITUNG

Den Ofen auf 180 °C vorheizen. Die Sojamilch mit dem Essig verrühren, die Haferflocken unterrühren und 10 Minuten quellen lassen. (In Muffinrezepten ist oft Buttermilch angegeben. Die sorgt für einen lockeren Teig. Ich stelle eine vegane Buttermilch her, indem ich den Essig zur Sojamilch gebe!)

Den Zucker mit dem Öl verrühren, dann die Haferflockenmischung und das Apfelmus (das Apfelmus lockert den Teig ebenfalls) unterrühren. Mehl, Backpulver, Natron und Zimt vermischen und nur kurz unter die Masse heben. Zum Schluss die Himbeeren unterheben (TK-Ware nicht vorher auftauen).

Ein Muffinblech mit Muffinförmchen auslegen und den Teig zu drei Vierteln in die Förmchen füllen. Die Muffins ca. 15–20 Minuten auf der mittleren Schiene im Ofen backen.

TIPP ⟶ *Die Muffins lassen sich prima einfrieren und können dann ca. 1 Stunde vor dem Frühstück aufgetaut werden!*

SÜSSKARTOFFEL-BRÖTCHEN

Bei unseren amerikanischen Freunden bin ich immer wieder fasziniert von den Brötchen, die zum Dinner gereicht werden. Sie sehen kross aus, sind aber weich und fluffig. Der Teig lässt sich problemlos bis zu 24 Stunden im Kühlschrank lagern, so dass die Brötchen am Tag zuvor vorbereitet und zum Essen nur noch gebacken werden müssen.

ZUTATEN

60 g Margarine
180 ml warmes Wasser
1 Päckchen Trockenhefe (9 g)
2 EL brauner Zucker
270 g gekochte, zerdrückte Süßkartoffeln
ca. 250 g Pflanzenmilch
2–3 TL Salz
600 g Weizenmehl (Type 450)

ZUBEREITUNG

Die Margarine schmelzen. Wasser, Hefe und Zucker in einer Schüssel verrühren und 10 Minuten ruhen lassen. Die Hefemischung mit den zerdrückten Süßkartoffeln, der Milch, der Margarine und dem Salz verrühren. Nun das Mehl kurz unterrühren, bis keine Mehlklümpchen mehr zu sehen sind. Der Teig ist klebrig, das ist ok! Den Teig mit einem Tuch bedecken und an einem warmen Ort gehen lassen, bis sich die Teigmenge verdoppelt hat.

Die Arbeitsfläche mit Mehl bestäuben, den Teig daraufgeben und 24 Stücke abteilen. Mit bemehlten Fingern aus den Stücken Kugeln rollen und diese auf ein mit Backpapier ausgelegtes Backblech legen. Den Ofen auf 180 °C vorheizen. Den Teig nochmals 20 Minuten gehen lassen und die Brötchen auf der mittleren Schiene ca. 20 Minuten backen.

MONKEY BREAD – HELENES VERSION

In den USA ist das Brot seit den 50er-Jahren sehr beliebt, es gibt Backmischungen und sogar backfertigen Monkey-Bread-Teig. Dieser Hefeteig enthält meistens Butter, Milch und Ei; daraus geformte kleine Kugeln werden in Butter, Zimt und Zucker gewälzt, in eine Form gegeben und gebacken. Manchmal kommen noch Pecannüsse dazu. Das Brot schmeckt am besten warm, man zupft sich ein Stückchen ab und noch eins … Ich wollte ein Brot zum Naschen, wenn man mit Freunden zusammensitzt und klönt, außerdem sollte es zu einem Salat aus Rucola, Mango und Koriandergrün passen. Hier für euch meine herzhafte Version des Monkey Breads mit einem Topping aus Kokosmilch und Curry!

TEIG

1 Rezept Hefeteig „Helenes Favorit" (s. Seite 134)

TOPPING

5 EL Curry
2 TL Salz
3 EL Zucker
ca. 200 ml Kokosmilch

ZUBEREITUNG

In einem tiefen Teller Curry, Salz und Zucker vermischen. In einen zweiten tiefen Teller die Kokosmilch füllen. Den Teig durchkneten und daraus ca. 40 Kugeln formen. Diese nacheinander erst in die Kokosmilch tauchen und dann in der Currymischung wälzen.

Eine Gugelhupfform ausfetten und die Kugeln hineingeben. Die Form mit einem Tuch abdecken und den Teig nochmals 30 Minuten gehen lassen. Den Ofen auf 180 °C vorheizen. Das Tuch entfernen und die Form auf die mittlere Backschiene stellen. Das Monkey Bread ca. 25 Minuten backen und warm servieren.

MAISBROT

Toni und Helene haben Hunger! Und was geben die Vorräte so her? In der Gemüsekiste befinden sich rote Paprika, Zwiebeln, Möhren, Avocado, Tomaten und Salat. Außerdem haben wir Maismehl, Chilischoten, Mais aus Dose, Pflanzenmilch. Alles klar: Toni macht Salat, ich rühre ein Maisbrot zusammen, dazu gibt's Guacamole. Klingt gut, finden wir!

ZUTATEN

2 EL Margarine
150 g Maismehl
50 g Weizenmehl (Type 450)
1 TL Backpulver
1 EL Zucker
1 TL Salz
1 kleine frische Chilischote (oder 1 TL Chiliflakes, wenn man es nicht so scharf mag)
1 rote Paprika
1 Zwiebel
1 Möhre
125 g Mais (Dose)
170 ml Sojamilch
1 EL Essig

ZUBEREITUNG

Den Ofen auf 180 °C vorheizen. Die Margarine schmelzen. Das Maismehl, das Mehl, das Backpulver, den Zucker und das Salz vermischen. Die entkernte Chilischote, die Paprika, die Zwiebel und die Möhre im Hochleistungsstandmixer in einigen Umdrehungen kurz zerkleinern oder alles per Hand in Würfelchen schneiden, den Mais hinzufügen. Die Sojamilch und den Essig mischen, mit der Mehlmischung zu einem Teig verrühren, die Margarine und das Gemüse unterrühren. Den Teig in eine gefettete Kastenform füllen und im Backofen auf der mittleren Schiene ca. 20 Minuten backen.

In der Zwischenzeit zupft Toni den Salat, zerdrückt eine Avocado, schneidet 2 Tomaten klein und vermischt sie damit. Zum Schluss schmeckt sie die Guacamole (s. Seite 21) mit Salz und Pfeffer ab.

Noch warm schneiden wir uns dicke Scheiben vom Brot ab, tunken es in Guacamole, Olivenöl und Salz – mmmh!

GOLDENE MILCH – GESUNDHEITSTRUNK ODER LECKERER MILCH-MIX?

Tatsächlich ist die Goldene Milch ein Heilgetränk aus dem Ayurveda, deren wichtigste Zutat die Kurkuma, auch Gelbwurz oder Safranwurz genannt, ist. Der Name weist auf die intensive Färbekraft der gelben Knolle hin, die zu den Ingwergewächsen gehört. Der würzig-bittere Geschmack der Kurkuma findet sich neben der gelben Farbe z.B. im Currypulver wieder.

Verantwortlich für die Heilwirkung ist das in der Kurkuma enthaltene Curcumin, welches vor allem entzündungshemmend und schmerzlindernd, aber auch entgiftend und verdauungsfördernd sowie stimmungsaufhellend wirken soll! Wenn das keine guten Gründe sind, um eine heiße Goldene Milch – nicht nur an grauen Wintertagen – zu genießen! Am besten soll sich die Heilwirkung übrigens entfalten, wenn die Milch vor dem Schlafengehen getrunken wird, aus eigener Erfahrung weiß ich, dass sie auf jeden Fall meinen entspannten Schlaf fördert und lecker schmeckt! Und wer sich einen entspannten und sonnigen Start in den Tag wünscht, sollte sie mal zum Frühstück probieren!

Dieses Rezept ist übrigens aufgrund der intensiven Würzung, aber auch der möglichen Wirkung den erwachsenen Mitgliedern meiner Familie vorbehalten!

Die Herstellung der Goldenen Milch ist einfach. Es wird eine Paste aus Kurkuma und Wasser hergestellt. Ein Teil davon wird mit Pflanzenmilch, etwas Pfeffer (das im Pfeffer enthaltende Piperin soll die Resorption des Curcumin erhöhen) und Öl (das Curcumin ist fettlöslich) sowie Süßungsmitteln und Gewürzen nach Geschmack verrührt.

....

KURKUMAPASTE

2 EL Kurkumapulver
250 ml Wasser

FÜR 1 GLAS GOLDENE MILCH

1 Glas Pflanzenmilch (ich verwende Hafer-
  oder Mandelmilch)
1 TL Kurkumapaste
1 TL Mandel- oder Kokosöl
1 Msp. Pfeffer, frisch gemahlen
1 Msp. Muskat, frisch gemahlen
1 Msp. Zimt, gemahlen
2 EL Ahornsirup (nach Geschmack mehr)
etwas Vanille, gemahlen (nach Geschmack)

ZUBEREITUNG

Das Kurkumapulver mit dem Wasser in einen Topf unter Rühren einkochen, bis sich eine duftende Paste gebildet hat. Die Paste in eine Schale füllen und im Kühlschrank aufbewahren.

Die Pflanzenmilch in einem Topf erhitzen und 1 TL Kurkumapaste mit dem Schneebesen einrühren. Nun Öl, Pfeffer, Muskat und Zimt unterrühren und mit Ahornsirup und Vanille abschmecken. Die Goldene Milch heiß genießen!

....

SUPPEN, SALATE UND ANDERE SATT-MACHER

ERBSENSUPPE MIT MINZE

Diese Suppe hat wenig gemein mit der bekannten Erbsensuppe, die mit Würstchen und Speck serviert wird. Hier sorgen Kokosmilch und Minze für ein sommerlich leichtes Aroma, und wer es gerne scharf mag, kann sein Süppchen mit ein paar Wasabi-Erbsen toppen!

ZUTATEN

200 g Frühlingszwiebeln
200 g Kartoffeln
4 EL Öl
ca. 200 g Kokosmilch
2 EL Gemüsebrühe, instant
600 g TK-Erbsen
5 Stiele Minze
Salz
Pfeffer
Saft von 1 Limette

ZUBEREITUNG

Die Zwiebeln waschen, putzen und in grobe Stücke schneiden. Die Kartoffeln schälen, waschen und würfeln. Beides in dem Öl in einem Topf andünsten. Von der Kokosmilch 4 EL in eine Schale füllen, beiseite stellen. 800 ml Wasser, die restliche Kokosmilch, die Gemüsebrühe und die Erbsen zu den Kartoffeln und Zwiebeln in den Topf geben, aufkochen und ca. 15 Minuten leicht köcheln lassen.

Die Minze waschen, die Blätter abzupfen und die Hälfte der Blätter zur Suppe geben. Die Suppe mit einem Pürierstab pürieren. Mit Salz, Pfeffer, Limettensaft und evtl. weiteren Minzblättern abschmecken (dann nochmals kurz pürieren). Die Suppe auf vier Teller verteilen, jeweils 1 EL Kokosmilch auf die Suppe geben und servieren.

TIPP ⟶ *Die Suppe schmeckt auch eiskalt sehr lecker!*

EIN SÜPPCHEN VOM KOHLRABI MIT ESTRAGON UND CROÛTONS

Oma kommt vom Markt und hat sehr frische, grüne Kohlrabi mitgebracht, die sie lächelnd auf den Tisch legt. Sie weiß, wie ihre Enkelkinder gleich reagieren: „Also, den Kohlrabi mag ich nur roh, eventuell dippe ich den in Mamas Mohn-Mandel-Mayonnaise oder in Salsa. Aber auf keinen Fall esse ich Kohlrabigemüse, klaro!" Mutter und Tochter schauen sich an, wohlwissend, dass das cremige, leicht schaumig gerührte und mit nussigem Kürbiskernöl verfeinerte Mittagssüppchen aus püriertem Kohlrabi bestehen wird. Die Kinder lieben diese Suppe übrigens!

ZUTATEN

1 Zwiebel
1 Knoblauchzehe
400 g Kohlrabi
2 EL Margarine
400 ml Gemüsebrühe
1 TL Zitronensaft
1 Zweig Estragon
200 ml Pflanzensahne
Salz
Pfeffer
1 Brötchen
2 EL Öl
1 TL Salz
Kürbiskernöl

ZUBEREITUNG

Die Zwiebel pellen und vierteln, die Knoblauchzehe pellen. Die Kohlrabi schälen und grob zerkleinern. In einem Topf die Margarine erhitzen, die Zwiebel- und Kohlrabistücke sowie den Knoblauch hinzugeben und ca. 5 Minuten dünsten. Mit der Gemüsebrühe und dem Zitronensaft auffüllen und ca. 15 Minuten köcheln lassen, bis die Kohlrabistücke weich sind.

Den Estragon waschen, einige Blätter zur Dekoration zur Seite legen, den Rest mit der Sahne zum Gemüse geben und mit dem Pürierstab pürieren. Mit Salz und Pfeffer abschmecken.

Das Brötchen in Würfel schneiden. In einer Pfanne das Öl erhitzen, die Brötchenwürfel hinzugeben, salzen und knusprig braun anbraten, dann abkühlen lassen. Die Suppe auf vier Suppenteller verteilen, mit etwas Kürbiskernöl beträufeln, mit Croûtons und Estragon toppen.

GEEISTES GURKEN-SÜPPCHEN MIT PIMPERNELLE

Nach meinem Besuch bei der Zahnärztin und bei gefühlten 30 °C im Schatten suchte ich die drei Zutaten für ein kühlendes Süppchen zusammen: Sojajoghurt, Salatgurke und Eiswürfel. Als „special guest" sollten ein paar Blätter der üppig wuchernden Pimpernelle aus meinem Garten das Ganze veredeln. Die Blätter riechen so schön „frisch" und erinnern im Geschmack an Gurke.

Mein Hochleistungsstandmixer verwandelte Joghurt, Salatgurke und Pimpernelle in ein luftiges Süppchen. Ich schmeckte alles herzhaft mit Salz, frisch gemahlenem Pfeffer und etwas grünem Olivenöl ab. Schnell noch ein paar Eiswürfel in die Schale gefüllt, das Süppchen draufgelöffelt und einen Platz im Garten gesucht! Ach, die kühle Gaumenfreude brachte mir einen besänftigten Zahn und bei diesem heißen Sommertag auch noch die nötige Abkühlung.

ZUTATEN

1 Bio-Salatgurke
2–3 Stiele Pimpernelle (nach Geschmack auch mehr!)
500 g Sojajoghurt, natur
Salz
Pfeffer
Olivenöl
ein paar Eiswürfel

ZUBEREITUNG

Die Gurke waschen, die Enden abschneiden und die Gurke in grobe Stücke schneiden. Die Pimpernelle waschen und die Blätter von den Stielen zupfen. Die Gurkenstücke, die Pimpernellenblätter und den Sojajoghurt im Hochleistungsstandmixer mixen. Zum Schluss mit Salz, Pfeffer und Olivenöl herzhaft abschmecken. 2–3 Eiswürfel in den Suppenteller geben, die Suppe einfüllen und genießen!

TIPP — *Anstelle der Pimpernelle schmeckt auch Dill prima zur Suppe!*

MÖHREN-MANGO-SUPPE MIT WEIZENFLADEN

Upps, ist es schon so spät? Die Kinder kommen gleich aus der Schule und haben Hunger!!! Eine Möhren-Mango-Suppe wartet im Kühlschrank, aber zugegebenermaßen wird mein großer Sohn allein davon nicht satt. Schnell rühre ich aus Mehl, Wasser und Olivenöl einen Teig zusammen, würze ihn mit Salz und Kreuzkümmel (harmoniert super mit den Aromen der Suppe) und backe in der Pfanne ein paar knusprige Fladen aus. Mmmh, noch warm schmecken die prima zu der „Hauptspeise" und wirken als „Sättigungsbeilage" etwas nach. (Okay, als Dessert wartet ein Cupcake auf die Kids – aber diese Kalorienbombe ist natürlich eine Ausnahme!)

SUPPE
1 Zwiebel
400 g Möhren
ca. 10 g frischer Ingwer
200 ml Kokosmilch
1 große Mango
ca. ½ Chilischote (nach Geschmack und Schärfe)
Salz

WEIZENFLADEN
200 g Weizenmehl (Type 550)
100 g Wasser oder Sojajoghurt, natur (normalerweise nehme ich Joghurt, dann sind die Fladen etwas weicher, mit Wasser gelingen sie aber auch!)
ca. 6 EL Olivenöl
ca. 2 TL Salz
ca. 2 TL Kreuzkümmel, ungemahlen
Öl zum Ausbacken

ZUBEREITUNG
Die Zwiebel pellen, in Scheiben schneiden und in etwas Öl glasig dünsten, die Möhren und den geschälten Ingwer in Stücke schneiden und hinzufügen. Mit 400 ml Wasser auffüllen und ca. 15 Minuten kochen. Die Kokosmilch hinzufügen und erhitzen. Die Mango schälen und in Würfel schneiden, die Hälfte der Würfel zu den Möhren geben. Die Chilischote aufschneiden, die Kerne entfernen, die Schote ebenfalls zu den Möhren geben. Die Suppe mit dem Pürierstab pürieren und mit Salz abschmecken.

Die Zutaten für den Teig in einer Schüssel verrühren. Auf einer bemehlten Unterlage mit den Händen ca. 8–12 kleine Fladen ausformen, evtl. die Hände ebenfalls mit Mehl bestäuben, wenn der Teig zu klebrig sein sollte. In einer beschichteten Pfanne etwas Öl erhitzen und die Fladen von beiden Seiten knusprig backen.

Kurz vor dem Servieren die restlichen Mangowürfel auf 4 Teller verteilen. Die Suppe darübergießen und zusammen mit den Weizenfladen genießen!

TIPP — *Die Suppe kann einen Tag vorher zubereitet werden. Sie schmeckt heiß oder eisgekühlt! Jo meint übrigens, dass sie „mit weniger Ingwer und ohne Chili" gekocht werden sollte, wenn kleine Kinder mitessen!*

TOMATEN „CAPRESE"

„Ich bringe Tomaten mit Mozzarella mit!" Wenn Freunde sich treffen und jeder etwas zum Essen beisteuern soll, ist diese Vorspeise eine sichere Option. Aber auch beim Brunch oder als kleine Zwischenmahlzeit finden Tomaten „Caprese" immer Anklang! Vegan essende Menschen stellen ihren „Mozzarella" gerne selber her! Dieses Rezept macht sich prima auf dem Buffettisch einer Party – wer wird bemerken, dass der „Käse" vegan ist? Die Cashewnüsse machen den „Mozzarella" cremig und die extreme Quellfähigkeit der Flohsamenschalen sorgt für die richtige Konsistenz.

VEGANER MOZZARELLA

100 g Cashewnüsse
100 ml Pflanzensahne (ich nehme Soja- oder
  Hafersahne)
2 EL Flohsamenschalen, gemahlen (erhältlich im
  Reformhaus, Bioladen oder in der Apotheke)
2 EL Zitronensaft
1 gehäufter TL Salz
Gewürze nach Belieben

AUSSERDEM

8 Tomaten
2 Stängel Basilikum
Salz
frisch gemahlener Pfeffer
Olivenöl

ZUBEREITUNG

Die Cashewnüsse mit Wasser bedecken und mindestens 1 Stunde einweichen, dann das Wasser abgießen. 300 ml Wasser und 100 ml Pflanzensahne verrühren, mit den Flohsamenschalen vermischen und ebenfalls mindestens 1 Stunde gelieren lassen. Danach alle Zutaten im Hochleistungsstandmixer zu einer Creme mixen. Schon jetzt wird die Creme relativ fest. Deshalb sollten Schalen in Mozzarellakugel-Größe bereitstehen. Die Creme auf die Schalen verteilen und für ca. 2 Stunden in den Kühlschrank stellen.

Die Tomaten waschen, den Stielansatz entfernen und die Tomaten in Scheiben schneiden. Das Basilikum ebenfalls waschen und die Blätter von den Stängeln zupfen. Den „Käse" in Scheiben schneiden, abwechselnd mit den Tomatenscheiben auf einem Teller anrichten, mit Salz und Pfeffer herzhaft würzen und mit Olivenöl großzügig beträufeln. Die Basilikumblätter über die Speise geben, diese etwas durchziehen lassen und servieren.

TIPP ⟶ *Der vegane „Mozzarella" ersetzt natürlich auch in anderen Rezepten den Mozzarella aus Tiermilch! Er kann übrigens prima mit Kräutern, Chili oder etwas Knoblauch veredelt werden!*

GEMÜSEGUGLHUPF MIT ORANGENSAUCE ODER „DAS GEMÜSE-VERSTECK"

Dieser kleine Guglhupf hat es in sich: Farbenfroh grüßen Möhre, Brokkoli und Paprika! Jo („Ich mag kein grünes Gemüse") verputzte zwei mit ganz viel Orangensauce und fragte tatsächlich nach einer dritten Gemüseportion …

GUGLHUPF

300 g Möhren

3 × 200 ml Pflanzensahne

Salz

Kreuzkümmel, gemahlen

Chiliflakes

3 Beutel Agaranta oder Agertine (pflanzliches
  Geliermittel)

300 g Brokkoli, kurz blanchiert und abgekühlt

ein paar Blätter Basilikum

300 g rote Paprika

ORANGENSAUCE

½ Glas Orangenmarmelade

1 TL Senf

Saft einer Orange

Salz

Chiliflakes oder ein paar feine Streifen frische
  Chilischote (die mag ich am liebsten in der Sauce)

ZUBEREITUNG

Für jede Gemüseschicht werden 1 Beutel Agaranta
oder Agertine und 50 ml Wasser sowie 300 g Gemüse
und 200 ml Pflanzensahne benötigt. Ich habe drei
Schichten gerührt. Die Menge reicht für 2 Silikonbackformen mit je 6 Miniguglhupfvertiefungen (Ihr könnt
auch 2 Kastenformen verwenden, falls ihr keine
Miniguglhupfformen habt!).

300 g Möhren mit 200 ml Pflanzensahne im
Hochleistungsstandmixer pürieren, mit Salz, Kreuzkümmel und Chiliflakes abschmecken. 1 Beutel
Agaranta oder Agertine in 50 ml kaltem Wasser
auflösen und mit der Gemüsemischung verrühren. Die
Creme in einen Topf füllen, unter Rühren aufkochen
und 2 Minuten kochen lassen. Falls Ihr Kastenformen
verwendet, diese mit Frischhaltefolie auskleiden, die
Silikonbackformen ausfetten. Die etwas abgekühlte
Creme auf die Formen verteilen und in den Gefrierschrank stellen.

In der Zwischenzeit den Brokkoli auf dieselbe
Weise zubereiten (ich habe 3 große Blätter Basilikum

mitpüriert), mit Salz abschmecken und etwas abkühlen
lassen. Die Formen aus dem Gefrierschrank nehmen,
die Brokkolicreme einfüllen und wieder in den Gefrierschrank stellen.

Nun wisst ihr, wie es geht – mit der Paprika
verfahrt ihr ebenso (würzen nicht vergessen) und füllt
sie zum Schluss auf die Brokkolicreme. Die Gemüsecreme in den Formen in den Kühlschrank stellen, bis
die Schichten fest geworden sind.

Für die Sauce die Marmelade mit dem Senf und
etwas Orangensaft glatt rühren, mit Salz und Chiliflakes oder Chilischote abschmecken, fertig!

Die Miniguglhupfe aus der Form drücken und mit
der Sauce anrichten! Bei Verwendung der Kastenformen die Gemüsecreme mit der Frischhaltefolie aus der
Form heben, Scheiben abschneiden und zusammen
mit der Sauce anrichten. Im Kühlschrank hält sich das
„Gemüseversteck" ca. 2 Tage! Ich habe einen Rest
eingefroren, Jo freut sich schon!

TIPP ⟶ *Ihr könnt das Rezept prima variieren und
andere Gemüsesorten verwenden, z.B. Kürbis, Blumenkohl oder Spinat!*

59

GRÜNER SPARGEL AUF FILOTEIG MIT DEFTIGER KOKOSNUSSCREME

Ich liebe grünen Spargel: Ich muss ihn nicht kochen, denn die Stangen schmecken roh, gegrillt oder im Ofen gebacken am besten! Mmmh, bei diesem Rezept passt der knusprige Filoteig prima zum Spargel, und die Kokoscreme hüllt das Ganze sanft ein! Lecker!

CREME

2 Zwiebeln, gepellt und zerteilt
2 Knoblauchzehen, gepellt und zerteilt
ca. 2 TL Salz
3 EL Kokosöl
1 Dose Kokosmilch (400 g)
1 EL Zitronensaft
ca. 2 EL Kokosmehl

TEIG

10 Blätter Filoteig
ca. 100 ml Olivenöl

BELAG

500 g grüner Spargel
grobes Meersalz
frisch gemahlener Pfeffer

ZUBEREITUNG

Für die Creme die Zwiebeln und den Knoblauch pellen und in Stücke schneiden. Die Stücke in einem Topf mit dem Salz in dem Kokosöl anbraten, bis die Zwiebelstücke leicht braun sind. In einem Hochleistungsstandmixer oder mit einem Pürierstab die Zwiebel-Knoblauch-Mischung zusammen mit der Kokosmilch und dem Zitronensaft zu einer Creme verrühren. Die Creme sollte etwas angedickt sein. Falls dies nicht der Fall ist (das hängt von der Beschaffenheit der Kokosmilch ab), etwas Kokosmehl unterrühren.

Den Ofen auf 180 °C vorheizen. Ein Backblech mit Backpapier auslegen. Ein Blatt Filoteig auf das Backpapier legen und mit etwas Olivenöl einpinseln. Ein zweites Blatt Filoteig darauflegen und mit Öl einpinseln. So weiter verfahren, bis alle Blätter verarbeitet sind.

Die Zwiebelcreme halbieren und eine Hälfte der Creme auf der obersten Filoteigplatte verteilen, dabei einen Rand von ca. 1,5 cm nicht mit der Creme bestreichen.

Den Spargel waschen, die holzigen Enden abschneiden und die Stangen auf der Creme verteilen. Die Spargelstangen mit Olivenöl bepinseln, mit etwas Meersalz und Pfeffer würzen und auf der mittleren Schiene ca. 20 Minuten backen, bis der Filoteig knusprig braun ist. Die restliche Creme erhitzen und zusammen mit dem Filoteig-Spargel servieren. Dazu passt ein Rucolasalat!

TIPP ⟶ *Ein paar Zwiebelstücke nicht anbraten, sondern zusammen mit dem Spargel auf der Kokoscreme verteilen und dann backen (Toni und Jo bevorzugen ihre Stücke allerdings ohne Zwiebel!)*

GEMÜSE-KICHERERBSEN-PUFFER MIT MANGO-MAYONNAISE

Oma Helene buk Puffer einmal im Monat. Dafür schälte sie stundenlang Kartoffeln und kochte Apfelmus als Beilage. Wir liebten ihre Kartoffelpuffer. Nach diesem Rezept entstehen zwar auch Puffer, allerdings hätte Oma niemals diese „neumodischen" Gewürze verwendet und Kichererbsen und Kokosflocken wären ebenfalls nicht in ihrem Teig gelandet. Nun, aber wir lieben auch diese Puffer!

PUFFER

1 Dose (400 g) Kichererbsen
60 g Reismehl
2 TL Schwarzkümmelsamen
2 TL Fenchelsamen, im Mörser grob zerstoßen
1 TL Koriandersamen, im Mörser grob zerstoßen
1 TL Chiliflakes
1 EL Salz
½ EL Backpulver
60 g Kokosflocken
1 Zwiebel
100 g Möhren oder Zucchini
125 g Koriandergrün
Kokosöl zum Anbraten

MANGOMAYONNAISE

1 Dose Mango
4 EL Olivenöl
Salz
Chiliflakes

ZUBEREITUNG

Für die Puffer die Kichererbsen mit der Flüssigkeit aus der Dose, das Reismehl, die Schwarzkümmel-, Fenchel- und Koriandersamen, die Chiliflakes, das Salz und das Backpulver mit dem Pürierstab verrühren.

Die Kokosflocken unterheben und die Masse ca. 10 Minuten quellen lassen. Die Zwiebel schälen und würfeln, das Gemüse waschen und raffeln sowie den Koriander hacken. Zum Schluss die Zwiebelstücke, das geraffelte Gemüse und das Koriandergrün unterrühren. Ist die Masse zu fest, evtl. etwas Wasser unterrühren. In einer Pfanne so viel Kokosöl erhitzen, dass der Boden ca. 0,5 cm hoch bedeckt ist. Jeweils 1 EL der Teigmasse in das Öl geben, etwas flach drücken und goldbraun ausbacken. Die Puffer auf Küchenpapier legen, um überschüssiges Öl zu entfernen.

Für die Mangomayonnaise in einem hohen Rührbecher die Mangostücke und das Olivenöl mit einem Pürierstab zu einer Mayonnaise aufschlagen, evtl. etwas Mangosaft aus der Dose unterrühren, falls die Mayo zu dickflüssig ist. Kräftig mit Salz und Chiliflakes abschmecken.

Die Puffer mit der Mangomayonnaise servieren!

TIPP —→ Wer es schärfer mag, ersetzt die Chiliflakes durch eine frische Chilischote, ohne Kerne, fein gehackt.

BLUMENKOHLRÖSCHEN VOM BLECH MIT ZITRONENSAUCE

Welches Kind liebt Blumenkohl? Jo und Toni jedenfalls fanden Blumenkohl „doof", und egal, wie er zubereitet wurde – sie ließen ihn einfach links liegen. Bis eines Tages diese kleinen Blumenkohlröschen aus dem Ofen geholt und mit der Zitronensauce serviert wurden. Es roch so köstlich (und gar nicht nach Kohl) … sie mussten einfach probieren! Tja, und nun finden die Kids Blumenkohl klasse!

ZUTATEN

600 g Blumenkohl
ca. 12 EL Olivenöl
3 Bio-Zitronen, Saft und Abrieb
ca. 3 TL Salz
Pfeffer nach Geschmack
ca. 50 g Maisgrieß
150 g Margarine
1 Knoblauchzehe
ca ½ TL Salz
ca 2 TL Ahornsirup

ZUBEREITUNG

Den Ofen auf 180 °C vorheizen. Den Blumenkohl waschen und in Röschen zerteilen. Auf einem mit Backpapier ausgelegten Backblech die Blumenkohlröschen verteilen, diese mit ca. 8 EL Olivenöl beträufeln und mit Salz, Pfeffer und dem Abrieb der Zitronen bestreuen und ca. 15 Minuten auf der mittleren Schiene backen. Zwischenzeitlich wenden. Nach 15 Minuten das Blech aus dem Ofen nehmen. Den Blumenkohl mit dem Maisgrieß bestreuen und mit ca. 4 EL Olivenöl beträufeln. Für weitere 10 Minuten im Ofen knusprig braun backen.

Die Margarine schmelzen und etwas abkühlen lassen. Den Knoblauch schälen und reiben. Mit dem Pürierstab den Zitronensaft mit der geschmolzenen Margarine und der geriebenen Knoblauchzehe zu einer cremigen Sauce mixen und mit Salz und Ahornsirup abschmecken.

Die warmen Blumenkohlröschen in die Zitronensauce dippen und genießen!

MIE-NUDEL-BURGER MIT GEGRILLTER ANANAS UND WEISSER BOHNENCREME

„Eigentlich esse ich gerade Nudeln mit Sauce gestapelt", bemerkt mein Sohn und legt sich einen zweiten Mie-Nudel-Burger auf seinen Teller. Mie-Nudeln werden in der asiatischen Küche verwendet. Sie bestehen aus Weizenmehl, Wasser und Salz, sind länger als Spaghetti und werden deshalb meistens in Knäueln verkauft. Sie sind vorgekocht und als Instant-Produkt deshalb schnell servierfertig. Ich habe aus den Nudeln kleine Patties geformt und diese angebraten. Im Gegensatz zu einem Burgerbrötchen ist diese Variante sehr knusprig und macht gerade auch den Kindern Spaß! In Kombination mit gegrillter Ananas, Bohnenmus, Chilisauce und etwas Koriandergrün bekommt der Burger einen frisch-fruchtigen und pikanten Geschmack – mmmh!

ZUTATEN

125 g Mie-Nudeln, instant
ca. 2 EL Weizenmehl (Type 450)
4 Scheiben Ananas aus der Dose
4 vegane Burger-Patties
200 g Cannelini-Bohnen aus der Dose
4 EL Olivenöl
½ Bund Koriandergrün
1–2 TL Salz
1 TL Chiliflakes
100 g Salat
Chilisauce, süß
Salz

ZUBEREITUNG

Die Mie-Nudeln in kochendes Wasser geben, den Topf vom Herd ziehen und die Nudeln 4 Minuten in dem Wasser ziehen lassen. Mit der Gabel auflockern, auf einem Sieb abtropfen und abkühlen lassen. Die Nudeln mit dem Mehl vermischen und 8 Patties formen (je nach Nudelprodukt benötigt man evtl. mehr oder weniger Mehl, damit die Nudeln schön zusammenkleben). Diese in heißem Fett in der Pfanne goldbraun backen und auf Küchenpapier abkühlen lassen.

Die Ananasscheiben kurz in der Pfanne anbraten, ebenfalls auf Küchenpapier abtropfen lassen.

Dann die veganen Burger-Patties knusprig anbraten, abkühlen lassen.

Die Bohnen abtropfen und zusammen mit dem Olivenöl in einem Rührbecher mit einem Pürierstab oder im Hochleistungsstandmixer cremig rühren. Zum Schluss die Hälfte des Koriandergrüns in 2 Umdrehungen untermixen, es sollte noch Grün sichtbar sein. Mit Salz und Chiliflakes abschmecken.

Nun werden die Burger zusammengesetzt: Jeweils einen Nudel-Pattie auf einen Teller legen und etwas Bohnenmus darüber verteilen. Darauf den veganen Pattie setzen, mit Chilisauce beträufeln und etwas gewaschenen Salat darübergeben. Nun eine Ananasscheibe auflegen, nochmals Salat und Chilisauce verteilen und mit einem zweiten Nudel-Pattie abschließen.

TIPP → *Die veganen Ersatz-Fleischklopse können natürlich auch weggelassen werden!*

BIRNE „HELENE HOLUNDER"

Natürlich liebe ich die süße Birne Helene mit ganz viel Schokoladensauce, aber diese deftige Birne „Helene Holunder" gehört ebenfalls zu meinen Lieblingsgerichten. Der knusprige Blätterteig passt prima zur weich gedünsteten Birne, und in Verbindung mit den karamellisierten Walnüssen und dem Holunderbeerendressing ergibt sich eine leckere Kombination der Aromen!

ZUTATEN

4 Birnen
1 Päckchen veganer Blätterteig, ca. 250 g
100 g Walnüsse ohne Schale
2 EL Zucker
1 TL Salz
½ Glas Holunderbeerenmarmelade
  (alternativ Himbeermarmelade)
2 EL Zitronensaft
2 EL Olivenöl
Salz
frisch gemahlener Pfeffer
1 Granatapfel
4 Handvoll Feldsalat

ZUBEREITUNG

Den Ofen auf 180 °C vorheizen. Die Birnen waschen und abtrocknen. Den Blätterteig auf einer mit Backpapier ausgelegten Arbeitsfläche ausbreiten. Mit einem Glas vier Kreise für den Boden der Birnen ausstechen und den Rest des Teiges in lange, ca. 1,5 cm breite Streifen schneiden. Jeweils eine Birne auf einen Teigkreis setzen und den Teig etwas an die Birne andrücken. Nun einen Teigstreifen nehmen und die Birne von unten beginnend mit dem Streifen einkleiden. Den Streifen dabei in der ersten Umdrehung an den Kreis andrücken und darauf achten, dass der Teigstreifen bei den nächsten Umdrehungen leicht übereinandergelegt ist. Ein neuer Streifen wird einfach an das Ende des letzten Streifens angesetzt und festgedrückt. Die Birne weiter so umrollen, bis sie vollständig eingewickelt ist. Nun die Streifen nochmals gut festdrücken, damit sie aneinanderhalten. Mit den restlichen drei Birnen ebenso verfahren. Die Birnen aufrecht in eine leicht gefettete Auflaufform setzen und auf der mittleren Schiene ca. 20 Minuten backen.

Die Walnusshälften in einer trockenen beschichteten Pfanne leicht bräunen, dann Zucker und Salz über die Nüsse streuen und die Hälften karamellisieren. Achtung, der Zucker brennt leicht an! Die Nüsse auf Backpapier zum Abkühlen geben.

Für das Dressing die Marmelade mit dem Zitronensaft und dem Olivenöl verrühren und mit den Gewürzen herzhaft abschmecken.

Den Granatapfel halbieren und die Kerne herauslösen.

Zum Servieren auf vier Teller jeweils eine Handvoll gewaschenen Feldsalat geben und eine Birne auf den Salat setzen. Mit den Walnusshälften und den Granatapfelkernen bestreuen und das Dressing auf den Salat träufeln.

TIPP → *Aus dem übrig gebliebenen Teig kleine Motive, z.B. Blätter, mit einem Keksausstecher ausstechen, backen und ebenfalls auf dem Salat verteilen!*

QUINOA-SALAT MIT ZUCCHINI VOM BLECH UND KARAMELLISIERTEN WALNÜSSEN

Quinoa wird auch als Inkakorn bezeichnet. Dieser Name gibt einen Hinweis auf die Verwendung schon bei den Inkas, welche die Samen der Quinoapflanze als Bestandteil ihrer Ernährung zu schätzen wussten. Quinoa zählt zu den Fuchsschwanzgewächsen, wird aber aufgrund des Aussehens und der Verwendungsmöglichkeiten auch als gluten-freies Pseudogetreide bezeichnet. Durch den Gehalt an hochwertigem Eiweiß (alle essentiellen Aminosäuren sind enthalten) und durch die Mineralstoffe Magnesium und Eisen ist Quinoa für VeganerInnen und für Menschen, die auf Gluten verzichten müssen, interessant.

ZUTATEN

250 g Quinoa
Olivenöl
Salz
2 mittelgroße Zucchini
1 Handvoll Walnüsse (oder Pecannüsse)
ca. 3–4 EL Ahornsirup
6 EL Zitronensaft
1 Knoblauchzehe
½ TL Kreuzkümmel, gemahlen
6 EL Öl
2 Stiele Minze
ca. 200 g Salatblätter
4 Löwenzahnblüten (optional)

ZUBEREITUNG

Die Quinoa in ein Sieb schütten und waschen. In einem Topf 2 EL Olivenöl erhitzen, die Quinoa hinzugeben und 2–3 Minuten anbraten, damit sie ihr nussiges Aroma entfalten kann. 500 ml Wasser und 1 TL Salz zufügen, umrühren und ca. 15 Minuten köcheln lassen.

Den Ofen auf 180 °C vorheizen. Die Zucchini waschen, die Enden abschneiden und das Gemüse in lange Streifen schneiden. Diese auf ein mit Backpapier ausgelegtes Backblech legen, mit Olivenöl bestrei-chen, salzen und auf der mittleren Schiene im Ofen ca. 10 Minuten backen. Die Nüsse in einer Schüssel mit 1–2 EL Ahornsirup und ½ TL Salz vermischen.

Die Zucchini vom Bachblech nehmen und die Nussmischung auf dem Blech verteilen. Die Nüsse auf der mittleren Schiene im Ofen rösten, bis sie braun sind. Abkühlen lassen. Den Zitronensaft, ca. 2 EL Ahornsirup (oder mehr nach Geschmack), 1 TL Salz, den geriebenen Knoblauch, den Kreuzkümmel und 6 EL Öl verrühren. Drei Viertel der Marinade in einer Schüssel mit der Quinoa mischen. Die Minzblätter grob hacken und ebenfalls unterheben. Etwas durchziehen lassen.

Zum Servieren auf jedem Teller etwas gewaschenen Salat, 2–3 EL Quinoa und ein paar Scheiben Zucchini verteilen. Mit der restlichen Marinade beträufeln und mit den Nüssen sowie den Blütenblättern des Löwen-zahns toppen.

GLASNUDELSALAT MIT ERDNÜSSEN UND MANGO

Diesen Salat mögen auch die Kids sehr gerne, denn die Glasnudeln machen Spaß (Nudeln mit der Schere schneiden – das findet Jo natürlich super), der Salat ist lecker fruchtig, und das Auge freut sich über die bunte Vielfalt!

SALAT

200 g Glasnudeln
1 Schalotte oder 2 Frühlingszwiebeln
ca. 2 Kakifrüchte (oder andere Früchte
   nach Geschmack)
1 Mango
½ rote Chilischote
100 g Zuckerschoten
Öl
3 Stiele Thai-Basilikum (Bio- oder Asialaden)
ca. 1 Handvoll Erdnüsse, geröstet und gesalzen

DRESSING

3 EL geröstetes Erdnussöl
Saft von 1 Limette
1 TL Galgant, gemahlen
½ TL Kardamom, gemahlen
Salz

ZUBEREITUNG

Die Glasnudeln mit kochendem Wasser übergießen, 10 Minuten ziehen lassen, abtropfen und mit der Schere in essbare Länge schneiden. Die Schalotte oder die Frühlingszwiebeln pellen und fein würfeln. Die Kakifrüchte waschen und in Würfel schneiden, das Mangofleisch ebenfalls in Würfel schneiden. Die Chilischote waschen, die Kerne entfernen, dann die Schote in feine Streifen schneiden.

Die Zuckerschoten waschen und in etwas Öl kurz anbraten (nur 1–2 Minuten), evtl. in Stücke schneiden. Die Thai-Basilikumblätter waschen und in Streifen schneiden, die Erdnüsse hacken. Alle Zutaten in einer Schüssel vermischen.

Aus dem Erdnussöl, dem Limettensaft, dem Galgant, dem Kardamom und etwas Salz ein Dressing rühren, mit dem Salat vermischen und etwas durchziehen lassen!

WARMER KICHERERBSEN-SALAT MIT MINZJOGHURT

Orientalisch schmeckt diese schnell zubereitete Vorspeise für 4 Personen. Ein Glas frischer Minztee dazu – lecker!

ZUTATEN

250 g Sojajoghurt
1 Zwiebel
1 Dose Kichererbsen (400 g)
2 EL Kokosöl
1 gehäufter EL Currypulver
1 TL Koriandersamen
Salz
1 Stiel Minze
frisch gemahlener Pfeffer
Pitabrot

ZUBEREITUNG

Den Sojajoghurt in einem Sieb abtropfen lassen (evtl. vorher ein Küchenpapier in das Sieb legen). Die Zwiebel pellen und in Würfel schneiden. Die Kichererbsen abtropfen lassen, den Sud auffangen.

In einem Topf das Kokosöl erhitzen. Die Zwiebelwürfel mit dem Currypulver und den Koriandersamen im Öl andünsten. Die Kichererbsen in den Topf geben, 1–2 EL des Suds und ½ TL Salz hinzufügen und alles unter Rühren kurz aufkochen lassen. Etwas abkühlen lassen, evtl. nochmal mit Salz abschmecken.

Die Minze waschen, die Blätter abzupfen und klein schneiden. Den Sojajoghurt in eine Schale geben, mit der Minze verrühren und mit Salz und Pfeffer abschmecken. Den Kichererbsensalat lauwarm mit Minzjoghurt und Pitabrot servieren!

KALE BULGUR CHAI SALAD

In vielen kalifornischen Restaurants wird ein Salat angeboten, der aus mariniertem Grünkohl, Salat, Tomaten, Paprika, Getreide und Nüssen besteht. Aber nicht nur im Salat ist der Kale (Grünkohl) dort total „hip": Smoothies, Chips und sogar Cookies aus Kohl treffen nach anfänglicher Skepsis auch meinen Geschmack! Schade, in den Sommermonaten wird bei uns in Deutschland noch kein frischer Grünkohl angebaut. Deshalb gibt es den Kale Salad leider vorerst nur im Winterhalbjahr!
Für „spicy flavour" sorgt in Chai-Tee gekochter Bulgur – probiert es mal aus!

ZUTATEN

1 Bund Grünkohl

Saft von 1 Zitrone

2 EL Ahornsirup

Salz

4 EL Olivenöl

1 Beutel Chai-Tee in Bio-Qualität

150 g Bulgur

100 g gehackte Pecannüsse oder andere Nüsse

Olivenöl

100 g Salat

2 Paprika

3 Tomaten

Pfeffer

ZUBEREITUNG

Den Kohl waschen, von der Mittelrippe befreien und in mundgerechte Stücke schneiden. Den Zitronensaft, den Ahornsirup, ½ TL Salz und das Olivenöl zu einer Marinade verrühren, den Kohl in einer Schüssel mit der Marinade kurz verkneten und ca. 10 Minuten durchziehen lassen.

300 ml Wasser mit dem Inhalt des Teebeutels und 1 TL Salz in einem Topf aufkochen, den Bulgur zugeben, umrühren und bei schwacher Hitze zugedeckt 15 Minuten quellen lassen.

Die Pecannüsse in einer Pfanne mit ½ EL Olivenöl und etwas Salz anrösten, abkühlen lassen. Den Salat waschen und verlesen. Die Paprika waschen und würfeln, die Tomaten waschen und vierteln. Nun den Salat mit den Paprika, den Tomaten und dem Kohl vorsichtig vermengen und mit Pfeffer und Salz abschmecken. Jeweils auf einen Teller etwas Bulgur geben, den Salat darüber verteilen und mit den Nüssen toppen! Dazu passt eine Guacamole!

ZITRONEN-ZUCCHINI-PASTA MIT ARTISCHOCKEN UND SPINAT

Heute gab es ein leichtes und sommerliches Mittagessen. Die Kinder mögen Artischocken und akzeptieren dafür den Spinat, Nudeln gehen immer und meine geliebte Chilischote (ich finde, die passt prima) suchen sie heraus – das wiederum akzeptiere ich! Dafür naschen die beiden vor dem Essen ziemlich viel von den frisch gerösteten Pinienkernen, man sollte vielleicht gleich die doppelte Portion zubereiten!

ZUTATEN

100 g Pinienkerne
150 g Pasta, z.B. Linguine
400 g frischer junger Spinat
2 Dosen Artischockenherzen
2 Zwiebeln
1 rote Chili
ca. 200 g Zucchini
500 ml Gemüsebrühe
4 EL Bio-Zitronenschale (Abrieb von ca. 4 Zitronen)
Salz
Pfeffer
ca. 100 g grünes Pesto

ZUBEREITUNG

Die Pinienkerne ohne Fett in einer Pfanne rösten. Die Pasta nach Packungsanweisung kochen. Den Spinat waschen und verlesen, evtl. in mundgerechte Stücke schneiden. Die Artischocken abtropfen lassen und vierteln, die Zwiebeln pellen und hacken, die Chilischote entkernen und hacken. Die Zucchini waschen, die Enden abschneiden und mit einem Spiralschneider in dünne „Nudeln" schneiden. Alternativ können die Zucchini auch mit einem Sparschäler in dünne, breite Streifen geschält werden.

In einer Pfanne die Gemüsebrühe, die Zwiebeln und 2 EL der Zitronenschale aufkochen und ca. 5 Minuten einkochen. Die Artischocken hinzufügen und den Gemüsesud nochmals 2–3 Minuten kochen lassen. Mit Salz und Pfeffer abschmecken.

Die Pasta abgießen, etwas Kochwasser auffangen und das Pesto damit cremig verrühren. Die Pasta mit den Zucchini-Nudeln, dem Spinat und dem Artischocken-Zwiebelsud vermischen, auf Tellern anrichten und mit dem Pesto, der Chili, der restlichen Zitronenschale und den Pinienkernen bestreuen.

TAGLIATELLE MIT AVOCADOSAUCE

Freitagvormittag: „Hallo? Bist du dran? – Pause – Wir kommen dann gegen 13.45 Uhr zum Mittagessen!" Diese Nachricht überbringt mir mein Anrufbeantworter. Upps, meine Eltern werden nebst Kindern und dem allerliebsten Ehegatten in zwei Stunden am Tisch sitzen, ich bin allerdings jetzt im Büro, und der Kühlschrank ist ziemlich leer. Ich gönne mir noch eine Stunde Schreibtischarbeit und schaue dann mal, was die Vorräte so hergeben! Später entscheide ich mich für Nudeln mit Sauce!

ZUTATEN

500 g Tagliatelle
200 g frischer Rucola oder Spinat
250 g kleine Tomaten
3 Avocados
1 Knoblauchzehe
Saft von ½ Zitrone
ca. 50 ml Pflanzenmilch
3 Stiele Basilikum
Salz
Chiliflakes
Olivenöl

ZUBEREITUNG

Die Tagliatelle nach Packungsanweisung zubereiten. Den Rucola oder Spinat waschen und verlesen. Die Tomaten waschen und in Hälften schneiden. Das Avocadofleisch, den Knoblauch, den Zitronensaft, die Pflanzenmilch, die Basilikumblätter (ein paar Blätter für die Dekoration zur Seite legen) im Hochleistungsstandmixer oder mit dem Pürierstab zu einer Sauce pürieren. Mit Salz und Chiliflakes herzhaft abschmecken.

Die Nudeln abgießen (etwas Nudelwasser aufbewahren) und in einer Schüssel mit dem Rucola oder dem Spinat und den Tomaten vermengen. Falls die Avocadosauce mittlerweile zu dickflüssig geworden ist, kann sie nun mit etwas Nudelwasser wieder cremig gerührt werden. Die Nudeln mit der Sauce servieren. Jede Portion mit Basilikumblättern und ein wenig fruchtigem Olivenöl toppen.

KUCHEN, DESSERTS & CO.

CHURROS – MEXICO, MAL-LORCA ODER DISNEYLAND?

Der Süden Kaliforniens ist stark beeinflusst durch das nahe Mexico. Eine besondere Köstlichkeit dort sind Churros, in Fett ausgebackene Teigstangen, die mit viel Zucker und Zimt warm – am besten an einem der vielen mexikanischen Straßenstände – gegessen werden. Sogar in Disneyland wehte uns der süße Duft des frischen Gebäcks um die Nase! Toni und Jo liebten diese Süßigkeiten!

Im Oster-Mallorca-Wochenende wurden nun Erinnerungen wach, denn auf dem Markt in Santanyi entdeckten die beiden den Churrostand und investierten ihr Taschengeld in eine Riesenportion kalorienreiches Glück!

Aber jetzt können sie auch zu Hause Churros genießen, denn die lassen sich wirklich einfach und ziemlich schnell selber herstellen! Das Rezept reicht so gerade für zwei Personen, aber ich empfehle: Verdoppelt lieber gleich die Menge! Dazu passt supergut eine zartbittere Schokoladensauce mit einem Hauch Chili und Meersalz!

CHURROS

125 g Weizenmehl (Type 450)
½ TL Backpulver
½ TL Vanillezucker
½ TL Salz
2 EL Olivenöl
ca.½ l geschmacksneutrales Öl (z.B. Maiskeimöl)
Zimt
Zucker

SCHOKOLADENSAUCE

100 g Schokolade
1 EL Margarine
100 ml Pflanzensahne
¼ TL Chiliflakes
2 Prisen Fleur de Sel oder grobes Meersalz

ZUBEREITUNG

Das Mehl mit dem Backpulver, dem Vanillezucker und dem Salz in einer Schüssel vermengen. 200 ml Wasser zum Kochen bringen, mit dem Olivenöl vermischen und unter kräftigem Rühren der Mehlmischung zufügen. Es entsteht ein leicht klebriger Teig.

Nun das Maiskeimöl in einen Topf füllen, so dass es mindestens 3 cm hoch steht. Das Öl erhitzen. Der Teig ist jetzt etwas abgekühlt und kann in eine Spritztüte mit Sterntülle (z.B. 10 mm Durchmesser) gefüllt werden. Nun wird der Teig aus der Spritztüte direkt in das heiße Öl gespritzt und nach gewünschter Länge mit einer Schere abgeschnitten.

Es sollten nicht zu viele Churros auf einmal gebacken werden, da sie sonst zusammenkleben! Die Churros ein paarmal mit der Gabel wenden. Sie sind fertig, wenn sie goldbraun sind. Mit einer Schaumkelle werden sie aus dem Öl genommen und zum Abtropfen auf Küchenpapier gelegt. Zucker und Zimt vermischen und die Churros großzügig damit bestreuen.

Für die Schokoladensauce die Schokolade zerhacken und zusammen mit der Margarine und der Pflanzensahne im Wasserbad schmelzen, umrühren und mit Chili und Salz abschmecken.

ACHTUNG → *Kinder sollten nur zusammen mit Erwachsenen die Churros backen, denn das heiße Fett kann zu Verbrennungen führen!*

DONUTS IN ZWEI VARIANTEN

Im Land der unbegrenzten Möglichkeiten ist auch im Bereich der Geschmacksvorlieben vieles möglich – und teilweise für mich unakzeptabel! So ist der Bacon aus der amerikanischen Küche nicht wegzudenken, allerdings vergeht mir der Appetit angesichts der Omnipräsenz in Form von gebratenen Speckscheiben zum Frühstück, als Belag auf Burgern, in der Füllung eines Truthahns, als Geschmack im Kaugummi, in Zuckerdrops, in der Zahnpasta oder eben als knuspriges Topping auf süßen Cupcakes, Muffins oder Donuts! Aber was genau macht diese Vorliebe für Bacon aus? Vielleicht steht nicht der „Genuss" des toten Tieres im Vordergrund, sondern es wird die Verbindung von salzig, süß, würzig (als Geschmackskategorie „Umami" genannt) geliebt! Genau diese Explosion der Sinne lässt sich prima durch meine Umami-Chips auslösen – so lecker, so einfach und in Verbindung mit den Zimt-Donuts sehr „Yummie"!

DAS ORIGINAL: DONUT FRITTIERT

ZUTATEN

220 g Pflanzenmilch (ich nehme Mandelmilch), lauwarm
30 g brauner Zucker
1 Päckchen Trockenhefe (9 g)
300 g Weizenmehl (Type 450)
2 TL gemahlene Vanille
½ TL Salz
½ TL Muskatnuss, frisch gerieben
Öl zum Frittieren

ZUBEREITUNG

In einer Schüssel die Mandelmilch, den Zucker und die Hefe miteinander verrühren und 10 Minuten ruhen lassen. Die Hefe startet jetzt. Das Mehl mit der Vanille, dem Salz und der Muskatnuss mischen und unter Rühren nach und nach zur Hefemischung geben. Entweder von Hand oder in der Küchenmaschine einen elastischen Teig kneten. Nun muss der Teig ruhen und aufgehen. Dazu gebe ich den zur Kugel geformten Teig in einen ausreichend großen Gefrierbeutel (die Teigmenge verdoppelt sich), schließe ihn und lege den Beutel in die Rührschüssel, die ich mit warmem Wasser gefüllt habe. Dort vergesse ich das Ganze für mindestens 1 Stunde. Die Hefe bekommt durch die Wärme und das Klima im Beutel optimale Bedingungen und zaubert mir einen wunderbaren Teig, der anschließend auf einer bemehlten Unterlage ca. 1,5 cm dick ausgerollt wird. (Mein Standard-Hefeteigrezept für Kuchen und Pizza funktioniert mit etwas anderen Zutatenmengen ähnlich, siehe Hefeteig „Helenes Favorit", Seite 134). Mit einem Keksausstecher oder einem großen Glas Kreise ausstechen, in der Mitte einen kleinen Kreis ausstechen. Diese Teigstücke dürfen, mit einem sauberen Geschirrtuch bedeckt, nochmals 1 Stunde ruhen. Nun das Öl in der Fritteuse oder in einem Topf (ca. vier Finger hoch einfüllen) erhitzen und die Teigstücke goldbraun ausbacken. Am besten auf Papiertüchern abtropfen lassen, damit das überschüssige Öl aufgesogen wird.

ACHTUNG → *Das Frittierfett kann bei unsachgemäßer Anwendung zu Verbrennungen führen. Deshalb sollten Kinder nur zusammen mit Erwachsenen dieses Rezept backen oder aber gleich das Rezept für Donuts aus der Backform nehmen!*

UMAMI-CHIPS

4 EL Sojasauce
2 EL Ahornsirup
1 TL Chiliflakes
60 g Kokoschips

ZUBEREITUNG

In einer Schüssel die Sojasauce, den Ahornsirup und die Chiliflakes verrühren, die Kokoschips hinzugeben und vorsichtig verrühren, bis die Chips mit der Marinade überzogen sind, dann unter gelegentlichem Umrühren ½ Stunde ziehen lassen. Den Ofen auf 160 °C vorheizen. Die Kokoschips auf einem mit Backpapier ausgelegtem Backblech verteilen, so dass sich die Chips möglichst wenig berühren. Auf der mittleren Schiene ca. 8–10 Minuten leicht braun backen.

Die Chips verbrennen sehr schnell und schmecken dann bitter, also lieber einmal mehr in den Ofen schauen und den Bräunungsgrad prüfen! Die Umami-Chips komplett auskühlen lassen. Sie werden dann knusprig.

GUSS

200 g Puderzucker
1–2 TL Zimt
wenig Pflanzenmilch

ZUBEREITUNG

Den Puderzucker nach Geschmack mit dem Zimt mischen und mit wenig Pflanzenmilch zu einem dickflüssigen Guss verrühren.

Die Donuts mit dem Guss überziehen, mit den Umami-Chips toppen und die Kringel am besten frisch genießen!

DER FETTARME: DONUT AUS DER BACKFORM

Ihr wollt die Donuts 1–2 Tage im Voraus zubereiten, weniger fettreich genießen oder mit Kindern backen? Dann ist dieses Rezept die richtige Wahl, denn hier wird der Teig nicht frittiert, sondern im Ofen in einer Donut-Backform gebacken.

ZUTATEN

120 g Sojamilch
1 EL Essig
½ TL Vanille
2 EL Apfelmus
60 g Margarine
120 g Weizenmehl (Type 450)
120 g Zucker
2 TL Backpulver
1 TL Natron
etwas Muskatnuss
etwas Zimt

ZUBEREITUNG

Den Ofen auf 180 °C vorheizen. Die ersten fünf Zutaten vermischen und leicht erwärmen, gerade so, dass die Margarine geschmolzen ist. Die restlichen trockenen Zutaten mischen, die Margarinemischung hinzugeben und alles kurz zu einem Teig rühren.

Eine Donut-Backform fetten, mit einem Löffel etwas Teig in jede Vertiefung geben. Den Teig mit etwas Sojamilch glattstreichen. Ca. 10 Minuten auf mittlerer Schiene backen, die Donuts sollten nicht braun werden (Stäbchenprobe machen). Auf einem Gitter auskühlen lassen und nach Wahl mit dem Puderzuckerguss für die frittierten Donuts oder mit Kuvertüre glasieren.

MUG CAKE – DER SCHNELLSTE KUCHEN DER WELT

„Mama, hast du gerade die Werbung gesehen? Wieso bringen die den einfachsten und schnellsten Kuchen der Welt als Backmischung raus! Wozu? Den kann man doch genauso schnell auch ohne Chemiebaukasten zusammenrühren!"

Die sogenannten Mug Cakes waren bei den SchülerInnen aus Tonis Highschool sehr beliebt – klar, denn schneller lässt sich wirklich kein Kuchen backen, vorausgesetzt, man besitzt eine Mikrowelle, aber die ist ja in jedem amerikanischen Haushalt vorhanden. Das Rezept ist für zwei Mug Cakes.

ZUTATEN

50 g Weizenmehl (Type 450)
2 EL Kakaopulver
½ TL Backpulver
3 EL Zucker
½ TL Salz
½ TL gemahlene Vanille
50 ml Pflanzenmilch
2 EL neutrales Öl
ein paar Früchte der Saison

ZUBEREITUNG

Das Mehl, den Kakao, das Backpulver, den Zucker, das Salz und die Vanille vermischen. In einer Tasse die Milch und das Öl verrühren, zu den trockenen Zutaten gießen und alles kurz zu einem Teig rühren. Den Teig in zwei mikrowellengeeignete Tassen füllen und die Mug Cakes für ca. 1–1,5 Minuten (je nach Leistung der Mikrowelle) in der Mikrowelle backen. Mit ein paar Früchten belegen und am besten noch warm genießen!

TIPP —— *Jo toppt sein Küchlein gerne noch mit extra Karamelldip!*

ZITRONEN-MOHNKUCHEN IM GLAS

Dieser Kuchen kann auf Vorrat gebacken werden, da er mehrere Wochen bei kühler Lagerung haltbar ist. Somit eignet es sich auch prima zum Verschenken! Allerdings vernaschten die Kids bei der letzten Backaktion am Wochenende noch warm jeweils den Inhalt eines Glases, beim nächsten Mal muss ich wohl das Rezept verdoppeln!

ZUTATEN

125 g Margarine

70 g Zucker

1 Prise Salz

200 g Weizenmehl (Type 450)

2 EL Sojamehl

1 TL Backpulver

ca. 90 ml Pflanzenmilch

150 g Mohnfülle (½ Rezept, siehe Seite 135)

1 Bio-Zitrone

Öl

Puderzucker für den Guss

ca. 3–4 Marmeladengläser mit Twist-off-Deckeln

ZUBEREITUNG

Das Backofengitter aus dem Ofen nehmen und den Ofen auf 160 °C Umluft vorheizen. Die Margarine mit dem Zucker und dem Salz schaumig rühren. Das Weizenmehl, das Sojamehl und das Backpulver mischen und zusammen mit der Milch unter die Margarinemischung rühren. Den Teig in zwei Hälften teilen. Die eine Hälfte mit der Mohnfülle verrühren.

Die Zitronenschale abreiben. Den Saft einer halben ausgepressten Zitrone und die abgeriebene Schale unter die andere Hälfte des Teiges mischen. Beide Teighälften sollten eine ähnliche Konsistenz haben und schwer reißend vom Löffel fallen. Eventuell noch etwas Pflanzenmilch unter eine Teighälfte rühren.

Den Boden der gereinigten Gläser mit Öl ausfetten. In jedes Glas etwa 2 EL vom Mohnteig löffeln, dann darauf 2 EL Zitronenteig geben usw. Die Gläser sollten zu zwei Dritteln gefüllt werden.

Das kalte Backofengitter mit den Gläsern auf die untere Schiene des Backofens schieben, die Kuchen ca. 20 Minuten backen.

Sofort nach dem Backen die Gläser mit den zuvor heiß gespülten Twist-Off-Deckeln gut verschließen.

Da ist ja noch eine halbe Zitrone übrig … Jetzt kommt der fast wichtigste Teil: Der Zitronenguss! Ich gehe davon aus, dass ihr ein Glas nach dem Abkühlen öffnen werdet, um den Inhalt zu vernaschen. Also rührt etwas Puderzucker mit Zitronensaft glatt, öffnet das Glas und gießt den Guss hinein. Löffelchen schnappen – Guten Appetit!

TIPP — *Als Mitbringsel könnt ihr z.B. einen Kuchen im Glas mit einem Tütchen Puderzucker und einer Zitrone für den Guss nebst Beschriftung schön verpacken!*

ROTE-BETE-KÜCHLEIN MIT HERBER SCHOKOLADENCREME

Zuckersüß und rosarot passt nicht zu dir oder deinem/deiner Liebsten? Ach, das finde ich doch sympathisch! Wie wäre es mit einer kleinen Verführung aus leicht herber Schokoladencreme und einem Hauch Kardamom auf einem „saftigen" Rote-Bete-Küchlein zum Valentinstag?

CREME

1 Kapsel Kardamom
100 g Schokolade
200 g Pflanzensahne
1 TL gemahlene Vanille
evtl. 2–3 EL Agavendicksaft

TEIG

250 g Rote Bete, gekocht, geschält
210 g Zucker
200 g Schokolade
200 g Margarine
1 EL Espressopulver
3 Tropfen Rumaroma
135 g Weizenmehl (Type 550)
3 EL Kakao
1 TL Backpulver
2 EL Sojamehl

VERZIERUNG

50 g weiße Reismilchschokolade
Erdbeermarmelade
roter Deko-Zucker, vegan, aus dem Bioladen (auf dem
   Foto seht ihr allerdings Krümel von kandierten
   Rosenblättern, die ich mal von meinem Liebsten
   geschenkt bekam!)
evtl. frische Blüten

ZUBEREITUNG

Für die Creme den Inhalt der Kardamomkapsel im Mörser zermahlen. Die Schokolade mit der Pflanzensahne schmelzen, den Kardamom, die Vanille und nach Geschmack Agavendicksaft unterrühren. Die Creme in den Kühlschrank stellen.

Den Ofen auf 160 ˚C vorheizen. Für den Teig die Rote Bete mit dem Zucker pürieren. Die Schokolade und die Margarine schmelzen, das Espressopulver und das Rumaroma unterrühren, etwas abkühlen lassen. Das Mehl, den Kakao, das Backpulver und das Sojamehl mischen und mit der Rote-Bete-Mischung verrühren, die Schokoladencreme unterrühren. Ich habe den Teig in verschiedene kleine (Muffin-)Förmchen gefüllt auf der mittleren Schiene im Backofen ca. 15 Minuten gebacken. Er kann aber auch in eine Springform gefüllt werden, dann benötigt der Kuchen ca. 40 Minuten bei 180 °C. Der Kuchen ist saftig und sollte daher komplett auskühlen, bevor er gestürzt wird.

Für die Verzierung die Reismilchschokolade im Wasserbad schmelzen, in einen Gefrierbeutel füllen, eine Ecke des Beutels abschneiden und Herzen oder kleine Vögel (siehe Foto) auf Backpapier spritzen. Die Schokolade fest werden lassen.

Die Creme aus dem Kühlschrank nehmen, kurz mit dem Handrührgerät aufschlagen, in eine Spritztüte füllen und die kleinen Kuchen verzieren. Zum Schluss mit den Herzen, Vögeln, der Erdbeermarmelade, dem Zucker und ein paar Blüten dekorieren!

CREAM TEA MIT INGWER-MÖHREN-SCONES, CLOTTED CREAM UND LEMON CURD

Juhu, die Mädels hatten ein paar Tage frei; wir packten unser Köfferchen und hüpften mal wieder nach London, ließen uns dort treiben, hatten viel Spaß, genossen das Stadtleben und natürlich die Tea time!

Mit Tochter Toni unterwegs zu sein bedeutet für mich, das Thema Zeit sehr lässig zu betrachten, was dazu führte, dass wir eher „so um 17 Uhr herum" zum Five O'Clock Tea erschienen – dumm, denn unsere favorisierten Plätze waren leider schon ausgebucht! Ach, ich hatte mich so gefreut auf zwei oder drei Tässchen Tee! Allerdings nimmt ein Ausflug mit ihr meistens auch unerwartete Wendungen, und so steuerte sie zielsicher ihr Lieblingskaufhaus an, um dort im hauseigenen Restaurant weit nach 17 Uhr (eigentlich schon kurz vorm Abendessen) doch noch in den Genuss einer Tea Time zu kommen.

Kurze Zeit später wurden die riesige Etagere mit vegetarischen Köstlichkeiten (das hatte Toni „klargemacht"!) und zwei große silberne Kannen Earl Grey und Darjeeling serviert. Nun, ihr lest richtig, von den Savouries (verschiedene Sandwiches mit Gurke, Kresse usw.) über Scones (eine Art festes Brötchen aus Backpulverteig) mit Clotted Cream (Rahmaufstrich), Lemon Curd (Zitronen-Ei-Marmelade) und Jam (rote Konfitüre) bis hin zum letzten Tellerchen mit entzückenden Küchlein und Pralinen war da nichts vegan. So durfte sich Toni, die ja nicht ausschließlich vegan, sondern gerade „außer Haus" auch vegetarisch isst, allein durch die riesige Auswahl futtern – insgeheim überlegte ich, ob sie vor oder nach den Scones supersatt sein würde. Aber wir klönten, tranken Tee (guckten von Zeit zu Zeit ein wenig zu den illustren Gästen an den anderen Tischen) und die Etagere leerte sich! Der Kellner freute sich über Tonis Appetit, wollte frische Sandwiches und Scones nachlegen (uff) – hier lehnte sie dann doch dankend ab –, um nach einer weiteren Tasse Tee tatsächlich die letzte Praline (!) mit einem Lächeln zu vernaschen! Wahnsinn!

Prima gelaunt machten wir uns ziemlich spät auf den Weg zum Hotel (dort nahm ich dann noch einen veganen Abendsnack ein) und kurz vorm Einschlafen bemerkte sie: „Upps, ich bin doch ziemlich satt, aber zu Hause backe ich deine veganen Ingwer-Möhren-Scones, du kochst veganes Lemon Curd und dann machen wir Cream tea, pünktlich um 17 Uhr – bis dahin habe ich auch wieder Hunger!"

INGWER-MÖHREN-SCONES

Scones bestehen normalerweise aus einem einfachen Backpulverteig, der ausgerollt und mit runden Ausstechern zu kleinen „Brötchen" ausgestochen wird. Es gibt aber auch die Variante, den Teig zu einer dicken Scheibe zu formen und Tortenstücke zu schneiden, die dann gebacken werden. Toni findet die Brötchen besser, schneller gehts aber mit der Tortenstück-Variante!

ZUTATEN

200 g Weizenmehl (Type 450)
20 g Zucker (Rohrohrzucker oder Kokosblütenzucker)
2 TL Backpulver
½ TL Salz
1 TL Zimt
80 g Margarine
ca. 5 g Ingwerknolle (etwa 1 TL)
50 g geraffelte Möhren
ca. 3 EL Pflanzenmilch

ZUBEREITUNG

Den Ofen auf 200 °C vorheizen. In einer Schüssel das Mehl, den Zucker, das Backpulver, das Salz und den Zimt verrühren. Die Margarine hinzufügen und mit zwei Gabeln die Zutaten vermischen, so dass kleine trockene Krümel entstehen. Die Ingwerknolle schälen, reiben und zu den Möhren geben. Beides unter den Teig heben. Nun Löffel für Löffel die Pflanzenmilch unterrühren. Der Teig sollte gerade so zusammenhalten und nicht wie ein feuchter Rührteig aussehen. Wichtig ist, den Teig nicht zu sehr mit den Händen zu kneten, damit die Scones nach dem Backen locker und trotzdem etwas krümelig sind.

Den Teig auf ein mit Backpapier ausgelegtes Backblech legen und eine ca. 4 cm dicke Scheibe formen. Diese in 8 Tortenstücke schneiden. Auf der mittleren Schiene die Scones ca. 10–15 Minuten backen. Der Rand sollte goldbraun sein. Die Scones am besten lauwarm mit Lemon Curd und Clotted Cream (siehe S. 134) genießen.

OMA HELENES KEKSTEIG

Oma Helene hatte ihre Standardrezepte im Kopf! „Lerne die wichtigen Rezepte auswendig, dann brauchst du kein Kochbuch – und benutze nur gute Zutaten!", waren ihre Ratschläge. Dieses Keksrezept brachte sie mir als Kind bei: 2 Teile Mehl, 1 Teil Margarine, 1 Teil Zucker, ½ Päckchen „Backin" (ganz wichtig, es musste Dr. Oetkers Backpulver sein) und 1 Tütchen „Vanillinzucker" (natürlich auch von Dr. Oetker), ach ja, 2 Eier von Omas Hühnern wurden ebenfalls mitverarbeitet. Heute schmeckt Helenes „Original 50er-Jahre-Rezept" auch ohne Eier ganz prima und die restlichen Bestandteile kaufe ich lieber im Bioladen ein! Gebacken werden meine Kekse in einem Ofen mit Umluft, Oma benutzte noch ihren Holzofen.

ZUTATEN

500 g Weizenmehl (Type 450)
250 g Margarine
250 g Zucker
1 TL Backpulver
1 Päckchen Vanillezucker

ZUBEREITUNG

Alle Zutaten zügig zu einem Teig kneten und ca. 1 Stunde im Kühlschrank ruhen lassen.

Den Backofen auf 180 °C vorheizen. Den Keksteig ausrollen, Formen ausstechen, die Kekse auf ein mit Backpapier ausgelegtes Backblech legen und ca. 9 Minuten auf der mittleren Schiene backen. Die Kekse abkühlen lassen und mit Guss nach Wunsch verzieren.

TIPP → *Der Teig sollte wirklich gut gekühlt sein, damit die Kekse beim Backen ihre Form behalten. Bei sehr differenzierten Ausstechformen kann auf das Backpulver auch verzichtet werden, dann geht der Teig noch weniger auf!*

ZITRONEN-LAVENDEL-MÜRBCHEN

Die Liebe zu diesen zarten Keksen teile ich mit meinen Schwiegereltern! Bei einem Tässchen Tee naschen wir von dem wunderbaren Gebäck und tratschen über englische Gärten, Rosen und Lavendel! 'Hidcote Blue' – eine Lavendelzüchtung, die in deutschen Gärtnereien überwiegend angeboten wird – stammt aus dem berühmten englischen Hidcote Manor Garden, findet sich natürlich sowohl bei Schwiegermuttern als auch bei mir im Garten und ist Bestandteil der Lavendel-Zitronen-Mürbchen! Das Rezept ergibt ca. 20 Kekse.

ZUTATEN

110 g Margarine
50 g Puderzucker
Zesten von 3 Bio-Zitronen
½ TL Lavendelblüten
1 TL Vanillezucker
2 Prisen Salz
120 g Weizenmehl (Type 450)
4 EL Zucker

ZUBEREITUNG

Den Ofen auf 180 °C vorheizen. In einer Schüssel die Margarine, den Puderzucker, die Zesten von 1 Zitrone, die Lavendelblüten, den Vanillezucker und das Salz mit 2 Gabeln verrühren, dann das Mehl unterheben. In einer kleinen Schüssel die Zesten der 2 übrigen Zitronen mit dem Zucker vermischen, zur Seite stellen.

Den Teig auf einer bemehlten Fläche ca. 0,5 cm dick ausrollen (ist er noch zu klebrig – das liegt am hohen Anteil der Margarine –, kurz in den Gefrierschrank stellen) und mit dem Zitronenzucker bestreuen. Mit einem Ausstecher Kekse ausstechen. Diese auf ein mit Backpapier ausgelegtes Backblech legen und ca. 10 Minuten auf der mittleren Schiene backen. Die Kekse sollen hell bleiben. In einer Dose aufbewahren und die Schwiegereltern zum Tee einladen!

KASTENKUCHEN MIT HEIDELBEEREN UND KOKOSFROSTING

Jo liebt Kokosnuss, Toni mag Heidelbeeren, und ich finde diesen unkomplizierten Kuchen prima, denn er schmeckt am nächsten Tag fast noch besser!

TEIG

275 g Weizenmehl (Type 450)
1 gehäufter TL Backpulver
1 TL Natron
1 Prise Salz
175 g Zucker
60 g weiche Margarine
Zesten von einer großen Bio-Zitrone
2 EL Zitronensaft
2 EL Apfelmus
150 g Vanillesojajoghurt
100 g Heidelbeeren

KOKOSFROSTING

30 g Margarine
1 TL Vanilleextrakt
200 g Frischkäse
150 g Puderzucker
4 EL Kokoscreme
ca. 100 g Kokosflocken
Heidelbeeren zur Dekoration

ZUBEREITUNG

Den Ofen auf 160 °C vorheizen. Das Mehl, das Backpulver, das Natron, das Salz und den Zucker in einer Schüssel mischen. Die Margarine, die Zitronenzesten, den Zitronensaft, das Apfelmus und den Joghurt unterrühren, bis ein homogener Teig entstanden ist. Die Heidelbeeren unterheben. Den Teig in eine gefettete Kastenform füllen und auf der mittleren Schiene ca. 30 Minuten backen, evtl. abdecken, falls er zu braun werden sollte. Stäbchenprobe machen und abkühlen lassen.

Die Zutaten für das Kokosfrosting – bis auf die Kokosflocken und die Heidelbeeren – mit dem Handrührgerät oder der Küchenmaschine zu einer Creme aufschlagen und den Kuchen damit überziehen. (Je nach Beschaffenheit der Kokoscreme ist das Frosting vielleicht noch nicht fest genug, um „entspannt" den Kuchen zu bestreichen. Stellt es einfach für 15 Minuten in den Kühlschrank und streicht den Kuchen dann ein!). Evtl. die Kokosflocken in einer beschichteten Pfanne anrösten, abkühlen lassen (manche Produkte sind schon geröstet). Kurz vor dem Servieren den Kuchen mit den Kokosflocken und ein paar Heidelbeeren bestreuen.

HIMBEERTARTE MIT MARZIPANFÜLLUNG

Diese Tarte ist schnell gemacht und die Verbindung von cremigem Marzipan und frischen Himbeeren wird von der ganzen Familie geliebt. Den veganen Fertigblätterteig gibt es im gut sortierten Supermarkt.

ZUTATEN

ca. 150 g veganer Blätterteig
100 ml Pflanzensahne (ich nehme Hafersahne)
150 g Marzipan
300 g Himbeeren
evtl. Gänseblümchen und Puderzucker zur Dekoration

ZUBEREITUNG

Den Ofen auf 200 °C vorheizen. Die Tarteform fetten und mit dem Blätterteig auslegen. In einem Topf die Pflanzensahne erhitzen, das Marzipan mit einer Gemüsereibe hineinreiben und unter Rühren in der Sahne auflösen. Diese Creme auf die Tarte streichen und den Kuchen ca. 15 Minuten auf der mittleren Schiene backen. Abkühlen lassen. Die Himbeeren vorsichtig waschen, trocken tupfen und die Tarte mit den Früchten belegen. Mit Puderzucker bestäuben und mit Gänseblümchen belegen.

TIPP — *Für eine runde Tarteform mit 28 cm Durchmesser benötige ich 220 g Blätterteig, 220 g Marzipan, 150 ml Pflanzensahne und ca. 600 g Himbeeren.*

DONAUWELLEN

Wir lieben diesen „altmodischen" Blechkuchen! Schon als Kind war ich begeistert von der Kombination Kirsche, Kakao, Creme und Schokolade! Die Donauwellen gehörten zum Standardrepertoire der Garten- und Sportfeste, sie durften auf keiner Geburtstagsfeier fehlen, und man freute sich insgeheim auf das Resteessen am nächsten Tag, denn dieser Kuchen schmeckt am besten, wenn er einige Tage durchziehen darf. Aber irgendwann verschwand die gehaltvolle Nascherei von den Kuchenständen und machte Platz für Muffins, Donuts und Cake Pops! Hier die Zutaten für ein Kuchenblech.

CREME

1 l Pflanzenmilch (ich nehme 500 ml Sojavanillemilch und 500 ml Reismilch)
120 g Zucker
2 Päckchen Vanillepuddingpulver
500 g Margarine, zimmerwarm

TEIG

150 g Margarine
200 g Zucker
500 g Weizenmehl (Type 450)
½ TL Salz
1 Päckchen Backpulver
1 TL Natron
2 TL gemahlene Vanille
4 EL Sojamehl
6 EL Kakaopulver
6 Tropfen Rumaroma
ca. 1 ½ Gläser Sauerkirschen
2 Päckchen Kuchenglasur zartbitter

ZUBEREITUNG

100 ml Milch mit dem Zucker und dem Vanillepuddingpulver vermischen. Die restliche Milch aufkochen, die Puddingmischung einrühren und erneut aufkochen. Den Pudding abkühlen lassen.

Den Backofen auf 180 °C vorheizen. Für den Teig die Margarine mit dem Zucker in der Küchenmaschine schaumig schlagen, das Mehl, das Salz, das Backpulver, das Natron, die Vanille und das Sojamehl vermischen. Die Mehlmischung und 300 ml Wasser zur Margarinemischung geben und alles zu einem Teig rühren.

Ein Backblech mit Backpapier auslegen und die Hälfte des Teiges auf dem Blech verteilen. Unter die andere Hälfte des Teiges das Kakaopulver und das Rumaroma rühren. Den dunklen Teig auf dem hellen verteilen. Die Kirschen abtropfen lassen und ebenfalls auf dem Teig verteilen, etwas eindrücken. Den Kuchen auf der mittleren Schiene ca. 25 Minuten backen und danach auskühlen lassen.

Für die Creme 500 g Margarine in der Küchenmaschine schaumig rühren. Nach und nach den Pudding unterrühren. Damit eine homogene Creme entsteht, sollten Margarine und Pudding die gleiche Temperatur haben. Sollte die Creme gerinnen, ganz ruhig bleiben! Stellt die Schüssel mit der Margarine-Puddingmischung in den noch warmen Ofen und wartet, bis beide Zutaten gleich warm sind, die Margarine aber noch nicht geschmolzen ist. Dann kann die Mischung erneut aufgeschlagen werden.

Die fertige Creme auf dem Kuchen verteilen. Die Kuchenglasur nach Packungsanweisung im Wasserbad schmelzen und auf der „Butter"-Creme verteilen. Die Donauwellen schmecken am besten, wenn sie ein paar Stunden oder über Nacht durchziehen können.

SAUERKRAUT-SCHOKO-LADENTORTE

Das erste Mal probierte ich einen Sauerkrautkuchen auf einem Farmers Market. Sauerkraut im Kuchen? Muss das sein? Aber ich war begeistert, denn man schmeckte das Kraut nicht heraus und der Kuchen war sehr locker und saftig. Das liegt unter anderem an der Milchsäure des Sauerkrauts, die das Aufgehen des Teiges fördert. Auch diese Torte ist super saftig und erinnert ein wenig an Schokoladentrüffel. Die Kids waren jedenfalls begeistert und konnten die angekündigte „Geheimzutat" nicht herausfinden – bis sie die leere Dose Sauerkraut sahen …

Mein Tipp: Sagt es den Kindern nicht, und sie werden die Sauerkraut-Schokoladentorte lieben! Hier die Zutaten für eine Springform mit 26 cm Durchmesser.

ZUTATEN

100 g Sauerkraut
350 g Sojamilch
250 g Weizenmehl (Type 450)
½ Päckchen Backpulver
1 TL Natron
75 g Kakaopulver
150 g Margarine
200 g brauner Zucker
2 TL gemahlene Vanille
2 Eiersatz oder 2 EL Apfelmus
50 g weiße Reismilch- oder Lupinenschokolade
150 g Frischkäse
70 g zimmerwarme Margarine
40 g Puderzucker
2 TL Vanillezucker
Früchte zur Dekoration

ZUBEREITUNG

Den Ofen auf 180 °C vorheizen. Das Sauerkraut auswaschen, klein schneiden (ich gebe das Kraut für ein paar Umdrehungen in den Zerhacker, damit das Kuchenstück später garantiert „fadenfrei" ist) und mit der Sojamilch mischen. Das Mehl, das Backpulver, das Natron und den Kakao in einer Schüssel mischen. In einer zweiten Schüssel die Margarine mit dem Zucker und der Vanille cremig rühren, dann den angerührten Eiersatz oder das Apfelmus unterrühren. Die Mehl- und die Sauerkrautmischung unterrühren. Dabei nur so lange rühren, bis eine einheitliche Masse entsteht.

Die Springform einfetten, den Teig einfüllen und auf der mittleren Schiene ca. 30 Minuten backen. Den Kuchen am besten über Nacht auskühlen lassen. Für die Glasur die weiße Schokolade im Wasserbad schmelzen, etwas abkühlen lassen. Den Frischkäse mit der Margarine, dem Puderzucker und dem Vanillezucker cremig rühren. Dann die abgekühlte, aber noch flüssige Schokolade unter die Frischkäsecreme rühren und den Kuchen damit überziehen. Mit frischen Früchten dekorieren.

PEANUTBUTTER PIE

Oh, wenn man erstmal anfängt mit der Erdnussknabberei … Schwupps ist die Tüte leer, bevor der Film den Höhepunkt erreicht hat! Vielleicht solltet ihr diese Pie deshalb lieber nicht zusammenrühren, denn bei einem Stückchen bleibt es garantiert nicht! Meinen allerliebsten Ehegatten erinnert die Peanutbutter Pie an die kleinen Peanutbutter Cups, die er zum ersten Mal als Au-Pair-Schüler (das ist schon wirklich lange her) bei seiner Gastfamilie naschte: Große Schokoladentaler, gefüllt mit süßer Erdnussbutter – ein großer Vorrat musste damals im Koffer mit zurück nach Deutschland reisen! Heute kann man die Peanutbutter Cups bei uns im Supermarkt kaufen, aber vegan sind die leider nicht! Hier die Zutaten für eine Springform mit 26 cm Durchmesser.

ZUTATEN

180 g Kekse
100 g geschmolzene Margarine
1 TL Vanillezucker
1 EL Kakaopulver
350 g Erdnussbutter ohne Stückchen
500 g Sojajoghurt, natur
200 g Puderzucker
1 TL Salz
3 EL Vanillezucker
100 g Schokolade
1 EL Margarine
2 EL Ahornsirup
50 ml Pflanzensahne
1 TL gemahlene Vanille

ZUBEREITUNG

Für den Boden die Kekse im Hochleistungsstandmixer mahlen, die Margarine, den Vanillezucker und das Kakaopulver unterheben. Den Teig in die Springform drücken, einen Rand hochziehen, in das Gefrierfach stellen. Die Erdnussbutter, den Joghurt, den Puderzucker, das Salz und den Vanillezucker im Hochleistungsstandmixer zu einer Creme aufschlagen. Die Creme auf dem Teig verteilen. Den Kuchen mindestens 3 Stunden in den Kühlschrank stellen.

Im Wasserbad die Schokolade, die Margarine, den Ahornsirup, die Pflanzensahne und die gemahlene Vanille unter Rühren schmelzen. Etwas abkühlen lassen. Den Kuchen aus der Form nehmen und mit dem Schokoladenguss bestreichen.

CHEESECAKE AUS CASHEWNÜSSEN MIT BEEREN

Wie schön, dass es Cashewnüsse gibt! Ein Hochleistungsstandmixer zaubert aus diesen Nüssen und etwas Flüssigkeit eine sahnige Creme, die viel besser schmeckt als Kuhsahne – finde ich! Für diesen Cheesecake wird sie mit Kokosmilch und Zitronensaft zu einer erfrischenden Füllung kombiniert, die prima zu dem Boden aus Kokosflocken und Datteln passt. Getoppt wird die sahnige Leckerei mit frischen Beeren und Schokoladenraspeln! Hier die Zutaten für eine Springform mit 26 cm Durchmesser.

BODEN

4 EL Kakaopulver
120 g Cashewnüsse (oder andere Nüsse)
70 g Kokosflocken
120 g Datteln ohne Stein
½ TL Salz

FÜLLUNG

320 g Cashewnüsse, über Nacht in Wasser
    eingeweicht
Saft einer Zitrone
180 g Kokosnussmilch (keine Lightversion)
6 EL Agavendicksaft oder Ahornsirup (oder
    mehr nach Geschmack)
2 TL gemahlene Vanille
½ TL Salz
70 Kokosfett, geschmolzen

TOPPING

100 g gemischte Beeren, z.B. Brom- und Heidelbeeren
geraspelte weiße Schokolade zur Dekoration

ZUBEREITUNG

Alle Zutaten für den Boden im Hochleistungsstandmixer zu einem Teig verrühren und diesen in eine mit Backpapier ausgelegte Springform drücken.

Die Cashewnüsse abtropfen lassen. Wenn der Hochleistungsstandmixer sehr leistungsstark ist, kann auf das Einweichen der Nüsse verzichtet werden. Für die Füllung die Nüsse, den Zitronensaft, die Kokosmilch, den Agavendicksaft oder Ahornsirup, die Vanille und das Salz in die Mixschüssel geben und die Zutaten zunächst auf der unteren Stufe mixen. Zwischendurch evtl. mit einem Spatel Reste von den Seitenwänden schieben. Nun auf höchster Stufe eine Creme rühren, die keine Nussstückchen mehr enthält. Die Creme evtl. mit dem gewählten Süßungsmittel nachsüßen. Bei laufenden Rotiermessern das geschmolzene Kokosfett unterrühren.

Die Creme auf den Boden streichen und die Torte mindestens 3 Stunden in den Gefrierschrank stellen. Die Beeren waschen. 20 Minuten vor dem Servieren die Torte auftauen, mit den Beeren belegen und mit geraspelter Schokolade bestreuen.

TIPP ⟶ Ich verwende momentan gerne die Springform mit 18 cm Durchmesser, denn diese kleinen Törtchen sehen so niedlich aus, und es bleibt nach dem Genuss des ersten Stückchens noch Platz für eine weitere Leckerei ... Dafür halbiere ich normalerweise die Zutatenmengen eines Rezeptes, welches für eine Springform mit 26 cm Durchmesser ausgelegt ist. Bei diesem Cheesecake halbiere ich nur die Zutaten für den Boden, nehme aber die oben angegebene Menge für die Füllung und bekomme so einen kleines, aber höheres Törtchen!

SUPERSCHNELLE ORANGEN-SCHOKOLADEN-TRÜFFEL

Manchmal muss es schnell gehen, um den Hunger auf etwas Süßes zu befriedigen. Trotzdem wollen wir ja nicht irgendetwas naschen – diese Schokoladentrüffel sind angemessen edel und versüßen ganz schnell das Leben zwischendurch!

ZUTATEN

125 g Zartbitterschokolade
1 EL Margarine
1 EL Rohrzucker
50 ml Pflanzensahne
1 TL gemahlene Vanille
nach Geschmack 2–3 Tropfen Orangenöl
  (das Öl muss zum Verzehr geeignet sein)
Kakaopulver

ZUBEREITUNG

Alle Zutaten bis auf das Kakaopulver im Wasserbad schmelzen und verrühren. Die Creme im Kühlschrank fest werden lassen. Mit einem Teelöffel portionieren, Kugeln formen und diese in Kakao wälzen!

SESAMPRALINEN

Heute gibt es keine Schokolade – aber dieses Pralinen nasche ich gerne, am liebsten kühl und knackig direkt aus dem Kühlschrank … mmh!

ZUTATEN

50 g Sesampaste (Tahini)
50 g Kokosöl
2 EL Kokosblütenzucker
1 TL gemahlene Vanille
2 Prisen Salz
100 g Datteln
2 EL Kakao

ZUBEREITUNG

Die Tahini, das Kokosöl, den Kokosblütenzucker, die gemahlene Vanille und das Salz im Hochleistungsstandmixer verrühren. Eine Hälfte der Creme zur Seite stellen. Mit der anderen Hälfte kleine Pralinenförmchen so befüllen, dass sie etwa zu einem Drittel ausgekleidet sind. Auch den inneren Rand etwas mit Creme bestreichen. Die so befüllten Förmchen zum Aushärten in den Kühlschrank stellen.

Die Datteln mit 50 ml Wasser und dem Kakao im Hochleistungsstandmixer pürieren. Die Dattelcreme in den Pralinenförmchen verteilen und darauf achten, dass noch genug Platz für eine weitere Schicht Tahinicreme als Deckel bleibt. Die Förmchen wieder für ca. 10 Minuten in den Kühlschrank stellen.

Nun die andere Hälfte der Creme in den Förmchen verteilen und erneut zum Aushärten in den Kühlschrank stellen. Die Sesampralinen im Kühlschrank aufbewahren, da sie bei Zimmertemperatur sehr schnell weich werden!

TIPP — *Falls die Creme aus Tahini und Kokosöl noch zu flüssig zum Befüllen der Förmchen ist, kann sie vor der Weiterverarbeitung ganz kurz in den Kühlschrank gestellt werden.*

MARSHMALLOW AMARANTH BARS

Diese süßen Bars enthalten das Pseudogetreide Amarant. Es ist glutenfrei und wird deshalb bei Zöliakie als Getreideersatz genutzt. Der im Vergleich zu Getreidearten hohe Anteil an essentiellen Aminosäuren, Eisen und Kalzium macht Amarant auch für VeganerInnen interessant. Die Samen finden z.B. im Müsli, beim Backen, als Beilage, im Salat usw. Verwendung.

Leider mögen meine Kids weder den Geschmack von Amarant noch von Quinoa, dem ebenfalls sehr gesunden Verwandten aus der Familie der Amaranthaceae. Da hilft auch nicht der Hinweis auf die alten Azteken, Inkas und Mayas, für die jene Körner ein Hauptnahrungsmittel waren. Aber bei diesen Bars hüpft ihr „sweet tooth" vor Freude, denn diese Sweets bestehen aus gepufftem Amarant, der in dieser Form lecker nussig und leicht schmeckt. Ach ja, nur ein paar Marshmallows halten die leichten Körnchen zusammen!

ZUTATEN

1 EL Kokosöl
18 Marshmallows (vegan, z.B. aus dem Biomarkt
   oder im Internet, Größe ca. 2 × 2 cm)
60 g gepuffter Amarant
1 Prise Salz
1 TL gemahlene Vanille (optional)
100 g Zartbitterschokolade

ZUBEREITUNG

Das Kokosöl und die Marshmallows in einem Topf schmelzen lassen. Den Amarant, das Salz und evtl. die Vanille hinzufügen, verrühren und auf Backpapier ca. 2 cm dick ausstreichen. Abkühlen lassen.

Die Schokolade erwärmen, in Streifen über die Masse klecksen. Abkühlen lassen und in Stücke schneiden!

Gepuffter Amarant ist im Bioladen oder im Reformhaus erhältlich. Dieses Rezept schmeckt ebenfalls prima mit gepuffter Quinoa!

APFELROLLEN

Diese Leckerei ist ein prima Obst- und Gemüseversteck, denn man sieht dem Endprodukt die gesunden Zutaten nicht an! Wird die Apfelmasse im Dörrautomat getrocknet, ist sie elastisch und kann aufgerollt werden. Im Backofen getrocknet wird die Leckerei eher knusprig und kann in kleine Streifen geschnitten werden!

ZUTATEN

5 Äpfel
Saft von 1 Zitrone
1 Knolle rote Bete, vakuumverpackt
1 EL Ahornsirup
½ TL Zimt
½ TL Kardamom, gemahlen

ZUBEREITUNG

Die Äpfel schälen, vom Kerngehäuse befreien und in grobe Stücke schneiden. Zusammen mit allen anderen Zutaten im Hochleistungsstandmixer zu einer Masse mixen und ca. 0,5 cm dick auf Backpapier ausstreichen. Entweder für ca. 6 Stunden im Dörrautomaten trocknen oder im Backofen bei 100 °C ca. 2 Stunden trocknen. Danach in Streifen schneiden und ggf. aufrollen.

In einer Dose zwischen Backpapier getrennt aufbewahrt, halten sich die Apfelrollen ein paar Tage.

FRUIT CRISP

Früher aßen wir Cobbler, dann schlemmten wir Crumble, heute genießen wir Crisp! Aber heute wie früher verwende ich eigentlich nur Früchte und Streusel aus Mehl, Zucker, Margarine, etwas Zimt und etwas Salz, die zusammen in einer Auflaufform gebacken werden. Das klingt einfach, ist es auch!

Hingegen die korrekte Bezeichnung für diese Leckerei will wohl bedacht sein! Als Helene ihren Crisp noch Cobbler nannte, wusste sie nämlich nicht, dass der Teig für einen Cobbler aus den amerikanischen Biscuits besteht, einem den Scones ähnelndem Gebäck, die in der Größe an Pflastersteine (engl.: Cobblestone) erinnern sollen! Also, Streuselteig ist kein Biscuitteig, und meine Streusel sind in der Größe eher den Steinchen zuzuordnen! Der Cobbler wurde ersetzt durch einen Crumble, denn dies ist ein gebackener Nachtisch aus frischen Früchten und Streuseln. Jahrelang wurde nun Crumble gezaubert, wenn schnell der Hunger nach Kuchen mit Früchten, lauwarm serviert mit Vanilleeis oder Frosting, gestillt werden wollte!

Aber eines Tages hatte Tochter Toni Neuigkeiten aus dem Reich der süßen Leckereien: „Wusstet ihr, dass die Streusel für den Crumble eigentlich Haferflocken enthalten? Nur dann ist es ein wirklicher Crumble." Diese Nachricht zerstörte die heile Welt der schnellen Kuchen jäh: „Was sollen wir tun?"

„Nix, weiteressen", antwortete mein Sohn pragmatisch. „Man könnte das Rezept dem Namen anpassen und Haferflocken untermischen", überlegte ich. „Oder aber dem Rezept einen anderen Namen geben: Der Crisp ist ein gebackener Nachtisch aus Früchten und knusprigen (engl.: crispy) Streuseln, die wiederum keine Haferflocken enthalten", wusste Toni. Prima, oder? Alles bleibt, nur der Name ändert sich ab und zu – that's life!

ZUTATEN

500 g Früchte, gewaschen, entsteint, evtl. halbiert
  (z.B. bei Pflaumen oder Aprikosen)
175 g Weizenmehl (Type 550)
100 g Margarine
100 g Zucker
½ TL Zimt
½ TL Salz

ZUBEREITUNG

Den Ofen auf 180 °C vorheizen. Eine Auflaufform einfetten. Die Früchte in die Form legen. Aus den übrigen Zutaten Streusel kneten und diese über die Früchte „streuseln". Den Crisp ca. 15 Minuten oder bis die Streusel goldbraun sind auf der mittleren Schiene backen. Lauwarm genießen. Dazu passen Vanilleeis, Vanillesauce oder auch Frosting, hier unser Rezept:

FROSTING

70 g Margarine
70 g Puderzucker
100 g Frischkäse
1 EL Zitronensaft
1 TL Vanillezucker

ZUBEREITUNG

Die Margarine mit dem gesiebten Puderzucker cremig aufschlagen, die übrigen Zutaten unterheben und alles zu einer Creme verrühren. Bis zum Verzehr kühl stellen.

BAKLAVA

… ein warmer und würziger Lufthauch wie aus „1001 Nacht" umspielt meine Nase – ich schmecke Minztee, Kardamom und Baklava, das geliebte traditionelle Gebäck, welches im gesamten Nahen Osten und auf der Balkanhalbinsel verbreitet ist. Es besteht aus Filoteig, Butter und Nüssen und wird sehr großzügig mit Zuckersirup begossen. Je nach Region variieren die Zutaten: Neben den Pistazien verwendet man für die Füllung im Iran Mandeln, in der Türkei und auf dem Balkan hingegen Walnüsse. Im arabischen Raum wird der Sirup mit Rosenwasser aromatisiert, während er in Griechenland Honig, Zitronensaft und Zimt enthält.

Juhu – fast komplett sind die Zutaten vegan, noch schnell die Butter gegen Margarine getauscht und – Region hin oder her – Pistazien z.T. gegen Mandeln ersetzt (Jo reagiert allergisch auf die grünen Dinger)! Ach ja, und da ich die arabische Version mit Rosenwasser und Kardamom liebe, kommt ein wenig von beidem in den Zuckersirup!

ZUTATEN

375 g Zucker
Saft von ½ Zitrone
ca. 1–2 EL Rosenwasser
4–5 Kapseln Kardamom
250 g Margarine
200 g ungesalzene Pistazien-Kerne (ich habe für
   Jo eine Hälfte der Baklava mit Mandeln zubereitet)
300 g Walnüsse
2 Packungen Filo-/Yufka-Teig (ca. 500 g, aus
   dem Supermarkt)

ZUBEREITUNG

750 ml Wasser mit dem Zucker für eine ½ Stunde zu einem Sirup einkochen, abkühlen lassen und den Zitronensaft, das Rosenwasser und die im Mörser gemahlenen Kardamomsamen (frisch gemahlen ist der Geschmack ungleich intensiver) hinzufügen.

Die Margarine schmelzen. Die Pistazien (und/oder Mandeln) im Mixer fast zermahlen (es sollten noch Stückchen zu sehen sein), die Walnüsse hacken. 4 EL von den Pistazien (und/oder Mandeln) beiseitelegen. Den Ofen auf 180 °C (Umluft) vorheizen.

Nun eine Auflaufform (meine Form hat die Maße 25 × 32 cm) mit flüssiger Margarine ausstreichen. Die Teigblätter entrollen und 2 Blätter in die Form legen. Das obere Blatt mit ca. 1–2 EL Margarine bestreichen. Wieder 2 Blätter einlegen, mit Margarine bestreichen und noch mal 2 Blätter darauflegen und mit Margarine bestreichen. Nun liegen 6 Blätter in der Auflaufform. Jetzt die Hälfte der Pistazien (und/oder Mandeln) und die Hälfte der gehackten Walnüsse in der Form verteilen. Darauf werden wieder insgesamt 6 Teigblätter mit Margarine nach Anweisung eingeschichtet. Den Rest der Nüsse auf dem letzten Blatt verteilen. Die restlichen Teigblätter (mindestens 6) auf die Nussmischung legen und dabei wieder jedes zweite mit Margarine bestreichen. Mit einem scharfen Messer die Baklava in Rechtecke schneiden, evtl. die restliche Margarine darauf verteilen und im Ofen ca. 20–25 Minuten knusprig backen. Sofort den Sirup gleichmäßig über das Gebäck gießen, mit den 4 EL Pistazien bestreuen und abkühlen lassen. Die Baklava hält sich einige Tage im Kühlschrank!

HELENES HOLUNDER-BLÜTENSORBET

Ich sitze auf dem Weidezaun unter dem Holunder, lasse die Beine baumeln und denke an Oma Helene und ihre Geschichten über unseren gemeinsamen Lieblingsbaum. Sie war sich sicher, dass der Holunderbaum mit Gut und Böse, mit Schwarz und Weiß behaftet war. Die Geschichten um den Holunder sind sehr alt. Schon die Germanen glaubten, dass die Göttin Holda in diesem Baum wohne und Haus, Hof und Vieh beschütze. Deshalb

durfte dieser Baum nicht gefällt werden. Die Kelten brachten den Baum sowohl mit der schwarzen Erdgöttin Morrigan und zugleich auch mit der Lichtgöttin Brigid in Verbindung. Und in Dänemark gibt es die Sage, dass die Hyldemoer, die Hollermutter, im Holunder wohne und jeder Strauch das Tor zum unterirdischen Reich sei.

Ach, in der Sonne duften die Blüten gerade so süß – die helle Seite des Holunders lässt meine Gedanken weiterschweifen: Mit welchem Rezept eröffne ich die Holundersaison in diesem Jahr? Da es ungewöhnlich heiß ist, macht den Anfang das Sorbet aus Holunderblütensirup. Es ist soo schnell gemacht und bei den Temperaturen extrem lecker…. Alles, was ihr braucht, sind Eiswürfel, Holunderblütensirup und ein starker Mixer, der diese Zutaten ganz locker in cremiges Sorbet verwandelt.

ZUTATEN

500 g Eiswürfel oder Crushed Ice
140 g Holunderblütensirup, Fertigprodukt oder
nach Rezept (siehe rechts) zubereitet
Saft von ½ Zitrone
1 TL Johannisbrotkernmehl (optional)
Süßungsmittel nach Geschmack

ZUBEREITUNG

Die Eiswürfel, den Sirup und den Zitronensaft in einen Hochleistungsstandmixer füllen und zu einem Sorbet mixen. Wer einen „normalen" Mixer verwendet, kann fertiges Crushed Ice verwenden.

Das Johannisbrotkernmehl ist ein pflanzliches Bindemittel; in Sorbets erhöht es die Cremigkeit, indem es z.T. verhindert, dass sich Eiskristalle ausbilden. Es kann während des Mixvorgangs über die Masse gesiebt werden. (Achtung: Zu viel Johannisbrotkernmehl lässt das Sorbet zäh werden.) Das Sorbet evtl. nachsüßen, nochmals kurz durchrühren lassen und servieren oder bis zum Verzehr im Gefrierschrank aufbewahren.

TIPP —→ *Einen leicht herzhaften Geschmack erhält das Sorbet, wenn ein paar frische Basilikumblätter untergemixt werden.*

HELENES HOLUNDERBLÜTENSIRUP

ZUTATEN

2 Bio-Zitronen
1 kg Zucker
1 l Wasser
25 Holunderblütendolden

ZUBEREITUNG

Die Zitronen waschen, in Scheiben schneiden und mit dem Zucker und dem Wasser aufkochen, bis sich der Zucker gelöst hat. Die Holunderblütendolden ausschütteln, in eine große Schüssel legen und mit dem Zuckerwasser übergießen (die Zitronen entfernen). Dieses Gemisch zudecken und 3 Tage stehen lassen. Den Sirup durch ein Sieb filtern, erneut aufkochen, heiß in saubere Flaschen mit Twist-off-Deckeln füllen, fest verschließen und kühl stellen.

ERDNUSSRIEGEL ZUM LÖFFELN

Meine Familie liebt Erdnüsse. Ob nun als Creme auf dem Brot oder in einer herzhaften Sauce, im Kuchen oder als Süßigkeit zum Löffeln. Beim Kauf achte ich auf Bioqualität, denn herkömmliche Erdnusscremes enthalten oft zu viel Zucker oder Salz sowie zugesetzte Öle. Erdnüsse können Allergien auslösen, und sie sind sehr kalorienreich. Andererseits enthalten sie viel Protein, ungesättigte Fettsäuren, Zink und Vitamin E. Sie werden deshalb auch als Nahrungsergänzung eingesetzt. Das sage ich meinen Kindern aber lieber nicht, denn sie würden glatt diesen super leckeren „Erdnussriegel zum Löffeln" mit gutem Gewissen als gesunde, ergänzende Mahlzeit bezeichnen!

ZUTATEN

180 g Erdnusscreme crunchy
200 g Pflanzensahne
ca. 70 g Puderzucker
2 TL Vanillezucker
¼–½ TL Salz
125 g Zartbitterschokolade
1 gehäufter EL Margarine
1 EL Agavendicksaft oder Ahornsirup
50 ml Pflanzensahne
1 TL Vanillezucker
gehackte Erdnusskerne zum Dekorieren
evtl. etwas Fleur de Sel

ZUBEREITUNG

Die Erdnusscreme, die Pflanzensahne, den Puderzucker und den Vanillezucker mit dem Pürierstab cremig aufschlagen, mit Salz abschmecken und in Gläser füllen. Kühl stellen.

Die Schokolade, die Margarine, den Agavendicksaft oder Ahornsirup, die Pflanzensahne und den Vanillezucker schmelzen, zu einem Guss verrühren und etwas abkühlen lassen. Den Guss auf der Creme verteilen, mit gehackten Erdnusskernen bestreuen und bis zum Servieren kühl stellen.

TIPP ⟶ *Ein paar Fleur-de-Sel-Krümelchen zusammen mit den Erdnusskernen auf dem Guss verteilen!*

APFELMUS UND HELENES SCHICHTSPEISE

Meine Oma Helene hat jedes Jahr im Herbst viele Weckgläser mit Apfelmus „einge-weckt" (und die Enkelin schälte Unmengen an Äpfeln), aber den Aufwand betreibe ich heute nicht mehr! Ein Töpfchen Apfelmus ist schnell gekocht und meistens auch schnell gegessen, kleinere Reste werden im Kühlschrank, größere Überbleibsel im Gefrierschrank aufbewahrt!

Ich koche Apfelmus eher nach Gefühl, ungefähr so: Je nach gewünschter Menge eine Anzahl Äpfel schälen, vom Kerngehäuse befreien und in größere Würfel schneiden. Den Boden eines Topfes mit Wasser bedecken (das reicht an Flüssigkeit), die Äpfel und nach Geschmack Zucker, Zimt und etwas gemahlene Vanille hinzufügen, den Deckel auflegen und die Früchte weich dünsten. Zwischendurch umrühren, damit nichts anbrennt. Fertig!

Zur Konsistenz dieser Leckerei gibt es natürlich wieder unterschiedliche Meinungen bei uns: Ich mag Stückchen im Apfelmus, mein allerliebster Ehegatte bevorzugt das, was man bei der Übersetzung der englischen Bezeichnung „apple sauce" ja auch vermu-tet … Wer also Apfelsauce mag, der darf das Mus durch ein Sieb pressen!

Und falls nach der ausgiebigen Nascherei direkt aus dem Topf (Yummie!) noch etwas übrig bleibt, könnt ihr z.B. diese leckere Schichtspeise zusammenrühren.

ZUTATEN

400 g Seidentofu
ca. 3 EL Zucker
1 TL Vanillezucker
1 Prise Salz
etwas Abrieb einer Bio-Zitronenschale
80 g Kokosöl
ca. 400 g Apfelmus

ZUBEREITUNG

Mit dem Pürierstab den Tofu, den Zucker, den Vanillezucker und das Salz verrühren, bis sich der Zucker gelöst hat. Mit der geriebenen Zitronenschale abschmecken. Das Kokosöl schmelzen und unter Rühren hinzugießen. Die Creme ca. 20 Minuten kühl stellen. Durch das Kokosöl dickt die Creme ein.

Dann eine Schicht Apfelmus in Gläser geben, mit einer Schicht Creme bedecken, dann wieder eine Schicht Creme einfüllen usw. Die Schichtspeise bis zum Verzehr im Kühlschrank durchziehen lassen!

ORANGEN-NEKTARINEN-GELEE MIT VANILLEKOKOS-CREME UND KOKOSCHIPS

Dieses Dessert macht gute Laune. Das leuchtende Orangerot des Gelees zaubert an trüben Herbsttagen die Sonne auf den Teller. Es lässt sich prima vorbereiten und ist ein perfekter „leichter" Abschluss nach einem gehaltvollen Essen!

ZUTATEN

1 Dose Bio-Kokoscreme

2 Orangen

2 Nektarinen

400 ml Orangensaft

1 EL Zitronensaft

2 EL Zucker

1 Beutel Agaranta oder Agertine (Geliermittel auf Agar-Agar-Basis)

2 EL Zucker

1 TL Vanillezucker

ein paar Kokoschips

Kerne von ½ Granatapfel

ZUBEREITUNG

Vier Förmchen mit kaltem Wasser ausspülen. Die Dose mit der Kokoscreme in den Kühlschrank stellen. Die Orangen schälen (die weiße Haut entfernen) und das Fruchtfleisch aus den Trennwänden herauslösen. Die Nektarinen waschen, entkernen und das Fruchtfleisch in Würfel schneiden. Den Orangensaft mit dem Zitronensaft und dem Zucker mischen.

In einem Topf das Geliermittel mit dem Saft verrühren, aufkochen und 2 Minuten kochen lassen. Die Fruchtstücke zugeben und vorsichtig unterrühren. Das Gelee in die Förmchen füllen und im Kühlschrank ca. 1 Stunde erstarren lassen.

Die Kokoscreme aus dem Kühlschrank nehmen und nur die feste weiße Creme in eine Schüssel füllen. Das durchsichtige flüssige Wasser aus der Dose anderweitig verwenden (z.B. in Smoothies). Die Creme mit dem Zucker und dem Vanillezucker glatt rühren und nochmals bis zum Servieren in den Kühlschrank stellen. Das Gelee auf vier Teller stürzen, mit Kokoscreme, Kokoschips und den Granatapfelkernen servieren.

BASIC-REZEPTE

HEFETEIG „HELENES FAVORIT"

ZUTATEN

280 ml lauwarme Pflanzenmilch (ich nehme
   Hafer- oder Mandelmilch)

2 EL Zucker

1 Päckchen Trockenhefe (9 g)

500 g Weizenmehl (Type 450)

2 TL Backpulver

2 TL Salz

1 TL Zitronensaft

3 EL Olivenöl

ZUBEREITUNG

In einer Schüssel die Milch, den Zucker und die Hefe miteinander verrühren und 10 Minuten ruhen lassen. Die Hefe startet und wirft Blasen. Alle anderen Zutaten unter Rühren nach und nach zur Hefe-mischung geben. Entweder von Hand oder in der Küchenmaschine einen weichen, elastischen Teig kneten. Ist er zu fest, etwas Milch hinzugeben, ist er zu klebrig, etwas Mehl unterkneten.

Nun darf der Teig ruhen und aufgehen. Dazu gebe ich den zur Kugel geformten Teig in einen ausreichend großen Gefrierbeutel (die Teigmenge verdoppelt sich), schließe ihn und lege den Beutel in die Rührschüssel, die ich mit warmem Wasser gefüllt habe. Dort verges-se ich ihn für mindestens 1 Stunde. Die Hefe bekommt durch die Wärme und das Klima im Beutel optimale Bedingungen und zaubert mir einen wunderbaren Teig, der anschließend nach Belieben weiterverarbei-tet werden kann.

Wenn der Teig nicht sofort benötigt wird, kann er in dem Gefrierbeutel im Kühlschrank für 3–4 Tage gelagert werden. Im Gefrierschrank portionsweise eingefroren, muss er nur noch aufgetaut werden, und fertig ist die Grundlage für schnelle Leckereien!

LEMON CURD

ZUTATEN

200 g Zucker

120 ml Wasser

1 gute Prise Salz

2–3 TL geriebene Zitronenschale

2 gehäufte EL Speisestärke

120 ml frisch gepresster Zitronensaft
   (ca. 2 große Zitronen)

4 EL Margarine

ZUBEREITUNG

In einem Topf den Zucker, das Wasser, das Salz und die Zitronenschale aufkochen und rühren, bis der Zucker gelöst ist. Die Speisestärke mit dem Zitronen-saft klümpchenfrei verrühren und in das Zuckerwas-ser einrühren. Unter ständigem Rühren erneut aufkochen und ca. 2 Minuten kochen lassen, bis die Masse dick wird. Den Topf vom Herd nehmen, die Margarine unterrühren und die Masse in Gläser füllen. Im Kühlschrank aufbewahrt, hält sich das Lemon Curd ein paar Tage!

TIPP → *Wer den Geschmack von Eiern im Lemon Curd trotzdem mag, kann die Speisestärke mit 1 TL veganem Eigelb aus dem Reformhaus oder Bioladen mischen und dann weiter wie im Rezept beschrieben verfahren. Für eine „Clotted Cream" verrühre ich 2 gehäufte EL zimmerwarme Margarine mit 2 gehäuften EL Frischkäse. Nach Geschmack füge ich etwas Salz und gemahlene Vanille hinzu und stelle diese Creme bis zum Verzehr in den Kühlschrank!*

MOHNFÜLLE

ZUTATEN

125 g gemahlener Mohn

ca. 100 ml heiße Pflanzenmilch

25 g Margarine

ca. 50 g Zucker

1 TL gemahlene Vanille

ein paar Tropfen Bittermandelöl

(Rum-)Rosinen nach Geschmack

ZUBEREITUNG

In einer Schüssel den Mohn mit der heißen Pflanzenmilch verrühren und diesen Brei ca. 15 Minuten
quellen lassen. Dann die Margarine, den Zucker, die
Vanille, das Bittermandelöl und evtl. die (Rum-)
Rosinen unterrühren.

REGISTER

DIE AUTORIN —→ Die Foodbloggerin Helene Holunder kocht seit über 10 Jahren vegan. Getreu dem Motto „Öfter mal vegan für alle" richtet sie sich mit ihren Rezepten an Familien und Lebensgemeinschaften, in denen unterschiedliche Geschmacksvorlieben, aber auch Nahrungsmittelunverträglichkeiten und die Entscheidung für eine bestimmte Ernährungsform aufeinandertreffen. Fundiert durch Ökotrophologie und Ernährungslehre im Studium möchte sie über ihre Rezepte und Geschichten aus dem Familienalltag vermitteln, dass die Zubereitung leckerer Mahlzeiten aus veganen und zum großen Teil unverarbeiteten Zutaten Lebensqualität ist.

Helene lebt mit dem allerliebsten Ehegatten und ihren beiden Teenagern Jo und Toni in einem Dorf am Rande einer Kleinstadt zwischen Hamburg und Bremen. Sie liebt das Reisen und das Entdecken fremder Länder und Kulturen. Doch abgesehen von ihrer Heimat Norddeutschland kehrt Helene an einen Ort seit nunmehr 30 Jahren immer wieder zurück: Kalifornien. Wann immer die Möglichkeit besteht, tauscht sie das norddeutsche Wetter gegen den „endless summer". 2013 hat die ganze Familie ein halbes Jahr in San Diego gelebt, gearbeitet und die Schule besucht. Durch die Nähe zu Mexico einerseits und die gesundheitsbewusste Ernährung der Kalifornier andererseits ist das Angebot an veganen Produkten und Gerichten dort sehr groß. Helenes Rezepte sind „amerikanisch vegan beeinflusst", aber in Norddeutschland gekocht!